5~6年级，成就孩子一生的关键

程文◎著

朝華出版社
BLOSSOM PRESS

图书在版编目（CIP）数据

　　5~6年级，成就孩子一生的关键 / 程文著. -- 北京：
朝华出版社, 2019.5
　　ISBN 978-7-5054-4453-9

　　Ⅰ.①5… Ⅱ.①程… Ⅲ.①小学生-家庭教育
Ⅳ.①G782

　　中国版本图书馆CIP数据核字(2018)第303269号

5~6年级，成就孩子一生的关键

作　　者　　程　文

选题策划　　王　剑
责任编辑　　刘小磊
责任印制　　张文东　陆竞赢
封面设计　　异一设计

出版发行　　朝华出版社
社　　址　　北京市西城区百万庄大街24号　　　　邮政编码　　100037
订购电话　　（010）68996618　68996050
传　　真　　（010）88415258（发行部）
联系版权　　j-yn@163.com
网　　址　　http://zhcb.cipg.org.cn
印　　刷　　三河市三佳印刷装订有限公司
经　　销　　全国新华书店
开　　本　　710mm×1000mm　1/16　　　　　　字　　数　　180千字
印　　张　　13.75
版　　次　　2019年5月第1版　2019年5月第1次印刷
装　　别　　平
书　　号　　ISBN 978-7-5054-4453-9
定　　价　　35.00元

前　言

　　5~6 年级，是小学时期的最后一个阶段，也是孩子从儿童期向青春期过渡的关键时期。作为一个承上启下的阶段，这个年龄段的孩子最难管教、最令人操心，也最需要关爱。通常来说，孩子在小学 5~6 年级的时候，妈妈要格外注意以下几个问题：

　　5~6 年级的孩子，经常会偷偷地照镜子，懵懂而羞涩地观察着镜子里日渐成熟的身体；

　　5~6 年级的孩子，自我意识和独立意识空前发展，他们一方面努力探究自己是谁，另一方面又强烈渴望独立于父母；

　　5~6 年级的孩子，已经开始思考亲子关系、学业压力、同伴关系、师生关系、自我概念这些重要的人生课题；

　　5~6 年级的孩子，开始面临"心理断乳"的困扰；

　　5~6 年级，是提高孩子的学习能力、情绪控制能力，培养孩子的意志能力、良好行为习惯的最佳时期，也是决定孩子未来的转折期……

对于 5~6 年级的孩子来说,生理和心理上不断出现的一些重大的变化,让稚嫩和青涩的他们很难立马适应,青春序曲也变得异常激烈:学业上的难题让他们焦虑无比,情窦初开却又时常悸动不安,亲子关系剑拔弩张,师生之间的隔阂让他们有苦难言,自我迷茫更是让他们看不清方向。

可以说,5~6 年级奏响了孩子"第二次诞生"这篇人生乐章的序曲,而且大多数孩子有了自己的思考,有了对独立的渴求,但是由于他们缺乏社会交往经验,辨别是非的能力也非常有限,因此他们独立处理事情的能力还有待提高。在这种情况下,如果家长疏于对这一阶段孩子的教育,没能给予积极正面的引导和帮助,情况就会变得很糟:孩子表现出叛逆、生活自理能力差、学业之路障碍重重等问题,更甚者还有可能误入歧途,抱憾终生。

每一个孩子都是伴随着问题成长的,而每一个孩子又是妈妈的心之所系,孩子的健康成长是妈妈一生中最大的心愿。作为孩子的第一任老师,作为孩子的引导者,妈妈给予孩子最好的教育就是重塑自己的教养理念,引导孩子健康成长。

为了帮助妈妈们更好地读懂孩子、成就孩子,《5~6 年级,成就孩子一生的关键》一书在创作过程中走访了大量 5~6 年级孩子的妈妈,收集了诸多较为重要同时又容易被妈妈忽视的教育问题,并加以整理和解答。可以说,本书以大量翔实、生动的案例作为例证,为妈妈们正确教养孩子提供了科学、清晰的教育理念,以及具体的建议和应对方法。

在本书的创作过程中,我们始终坚持以下三条基本原则:

原则一:发现问题不是目的,解决问题才是目的

每位妈妈对自己的孩子是非常了解的,同样也非常清楚孩子存在的缺点和问题。在本书的创作过程中，我们在对孩子表现出来的让妈妈们感到十分头疼的问题进行阐述的同时，也着力避免一味地介绍问题的成因和危害，而是将重点放在如何解决这些问题上，并给出切实可行的解决办法。这样，妈妈们在面对困境时才能够更加从容不迫而不至于烦恼不堪。

原则二：将家庭教育方法与儿童心理特点紧密结合

很多家长尤其是妈妈们，一旦发现孩子的缺点或问题，总是凭自己的经验帮助孩子纠正，结果却往往使问题愈演愈烈。要知道，教育是一门科学，不能仅凭经验。孩子任何外在的缺点或问题都只是表象，真正的原因出自孩子的心理。为此，妈妈只有了解孩子的心理特点，走进孩子的内心世界，才能真正理解孩子的行为，也才能真正给予孩子正确的引导和帮助。因此，在本书中，我们避免过多地陈述孩子的表象问题，而是着力于结合儿童心理发展的特点深挖孩子问题背后的心理根源，找到问题症结，帮助妈妈们给予孩子恰到好处的爱。

原则三：注重素质教育，将健全人格的培养作为重点

众所周知，大多数学习成绩优秀的孩子并非天生智力超群，而是他们的人格品质有着过人之处，如乐观、坚韧、自律和有责任感等，这些不但能帮助他们应对学习上的困难，更能让他们在今后的人生道路上受益良多。在本书中，我们倡导妈妈们不仅要重视孩子的学习成绩，更要注重对孩子健全人格的培养。

最后，衷心希望《5~6年级，成就孩子一生的关键》一书能够给妈妈们带来新知识、新观念、新视角，也希望本书所提供的教育理念和方法可以让更多的5~6年级的孩子受益，陪伴孩子们健康成长！

目 录

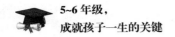
第二章　5~6 年级，走进小学高年级孩子的内心世界

> 小学阶段是思维发展的关键期、情感发展的丰富期和行为习惯的养成期。5~6 年级孩子心理活动的目的性逐渐增强，他们细心地观察这个世界，留意周围的一举一动，并进行着深刻的思考。不过，由于他们还不够成熟，因此会表现得敏感、怀疑甚至是困惑、不安等，这就需要妈妈及时关注孩子的心理动态，走进孩子的内心世界。

第三章　5~6 年级，妈妈如何扮演好自己的角色

> 好妈妈胜过好老师，好妈妈一定要扮演好自己的角色，这样才能给孩子最好的引导。但是很多妈妈经常会感叹：做一个好妈妈实在是太难了。知道了一种方法，可能却用错了另外一种方法；明确了一种技巧，可能忽略了另外一种技巧。那么，怎样才能扮演好孩子的好妈妈呢？

第二部分　5~6 年级，好成绩决定孩子一生

第四章　指导孩子学会有效学习，提高学习成绩

　　5~6 年级，是小学教育的重要转折期。在小学低年级，孩子的学习任务还不是很重，学习内容也比较简单，因此孩子在学习上基本不会有太多困难，但是到了小学高年级，孩子在学习上遇到的问题就会越来越多。这时学会学习就成为学业成功的关键，只有有效学习才能取得更好的成绩。

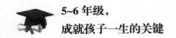
第五章　引导孩子做学习上的"全能王"

　　进入小学高年级，随着学习内容的增加，各个学科的特点越发凸显，而不同的学习科目又需要使用不同的学习方法。比如，有的科目重在积累，有的科目需要形成理性思维，有的科目需要深入理解，有的科目则需要全面把握。因此，要"因科制宜"，根据不同科目的特点有针对性地进行学习就显得非常重要。

第六章　5~6 年级，帮孩子解决学习上的难题

　　5~6 年级的孩子，经常会对自己产生怀疑——我是个笨孩子吗？

　　5~6 年级的孩子，一想到考试，心就不由得紧张起来；

　　5~6 年级的孩子，不知如何处理特长与学习之间的矛盾；

　　5~6 年级的孩子，拿着弱势学科的课本，神情难掩落寞……

　　分数、偏科、特长、考试焦虑等难题都是 5~6 年级的孩子需要面对的。了解这些难题，解决这些难题，才能扫清学习中的"绊脚石"。

第三部分　5~6 年级，妈妈送给孩子最好的礼物

第七章　5~6 年级，培养杰出青少年的七个习惯

5~6 年级，是孩子行为习惯的稳固期，多培养孩子一个好习惯，让孩子的习惯更稳固一点儿，孩子就会比同龄人更优秀一点儿。习惯并非先天带来，而是后天养成，妈妈给孩子播下一种习惯，让孩子收获一种性格，将会让孩子受益一生。

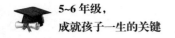
第八章　5~6 年级，孩子最应该具备的成功素质

　　领导力、自制力、交往力、掌控力、决断力等是一个成功者应该具备的能力，而家庭、学校以及社会的努力方向就是使孩子具备成功者的素质。为了让孩子在未来表现得更好，更加勇敢地迎接挑战，妈妈们需要从现在开始就为孩子能具备这些能力加码。

第九章　5~6 年级，送给孩子一生最好的礼物

　　5~6 年级是孩子成长的重要的转折时期，在这青春期的序曲中，孩子在生理和心理方面都发生着极大的变化，处于成长阶段的他们需要太多的关心和照顾。妈妈送给孩子一生最好的礼物，就是让孩子做最好的自己，具有强健的体魄，拥有美好的心灵，展现独特的个性，收获多样的能力，这样才能拥抱完美的自己。

第一部分

5~6 年级，决定孩子
未来的转折期

第一章

5~6年级，抓住孩子重要的转折期

初入小学以及小学低年级的孩子在很大程度上都保留着儿童后期的生理和心理特点，但是到了小学高年级，他们在生理与心理上却呈现出极大的不同。5~6年级的孩子在身体上开始"赴约"青春期，心理上也有了强烈的自我意识，智力快速发展，言行日渐统一。因此，5~6年级是孩子重要的转折期。

转折期的到来——5~6年级，迎来孩子一生中的关键期

孩子进入5~6年级，妈妈们是不是发现孩子突然学会顶嘴了，竟然嫌你多管闲事，嘲笑你"什么都不懂，只会监视和命令"，经常会给你白眼，甚至"警告"你不要多问……面对孩子的这些突变，妈妈们需要理性、冷静地对待，用更多的爱去引导和教育孩子。

5~6 年级是孩子在心理上的成长与突变的重要时期，是孩子成长过程中的关键阶段。在这一时期，孩子不再像儿童早期那样只知道吃喝玩乐，他们开始自我审视，开始在意自己在别人心目中的形象，开始思考"人为什么活着""我是谁""我要成为什么样的人"等人生重大的问题。因此，专家们把孩子在这一时期的种种变化称为人的"第二次诞生"，也有专家称这个时期是孩子命运升沉的"旋转门"。在这一时期，孩子身心的发展处于由幼稚趋向自觉，由依赖趋向独立的半幼稚、半成熟交错的状态。他们的独立生活能力开始增强，有些机灵的孩子还可以按照大人的意图出色地完成一件事；他们的理解力和想象力也已经开始接近现实生活，可以完整地创作出一个作品。另外，他们还具有了一定的分辨是非的能力，能够依据一定的原则做出判断，不再轻信吹捧的话。

与此同时，他们也逐渐形成了自己的个性，会对生活中的一般观点和标准产生怀疑，会出现反驳别人话语的行为。例如，5~6 年级以前，他们很愿意听到"你是一个好孩子，应该……"这样的话，但到了 5~6 年级以后，他们听到这样的话会马上反驳："我不是好孩子，所以……"，之后就躲得远远的。再如，5~6 年级以前，他们很相信老师或父母说的话，并且能按照老师与父母的要求去执行，但到了 5~6 年级以后，他们开始挑战老师或父母的权威，不再以老师与父母的意愿为主，开始有了自己的打算和想法，也开始学会安排自己的时间和活动。

所以，在 5~6 年级这个转折期，需要妈妈们格外重视，帮助孩子共同迎接人生的新篇章。具体而言，我们可以从以下三个方面来具体了解这一时期对孩子人生产生的重大影响。

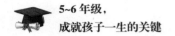
首先，心理的成长决定着孩子的未来

心理学家哈理·霍林沃思认为：11岁左右孩子的心理变化类似于幼儿时期的断乳。幼儿断乳意味着与母亲的身体完全脱离联系，由于急剧而彻底地断绝母乳喂养，当幼儿已经习惯了的欲求得不到满足时，心理上就会产生深刻的不安的感觉。因此，可以说这是人生的"第一次危机"。孩子进入5~6年级就意味着要从心理上摆脱对双亲的依赖，这种急剧而彻底的心理性"断乳"会给他们带来突如其来的不安和不适应，情绪上会产生波动和紊乱，这便是人生的"第二次危机"。

心理学家汤姆利兹认为：儿童期是"外界的获得时代"，而青春期则是"内部的获得时代"。由于性本能的萌动，人类会逐渐将注意力转向自己的内部。5~6年级的孩子正处在青春期的前期，他们常常会因自己不能掌握这种变化而烦恼，于是昔日儿童时期平静的心田被搅乱了，孩子陷入反抗、冷淡、蛮横、怠慢、多变等诸多混杂、不安的情绪状态之中。他们不仅对外界，就连对自己也持否定的态度，因此这一时期也被称为"否定期"或"反抗期"。这一阶段心理情绪的疏解与引导将直接影响着孩子日后的心理健康，以及未来心态的发展。

其次，情感的发展也会影响5~6年级的孩子

5~6年级的孩子，情感的内容进一步扩大、丰富，他们控制和调节自己情感的能力也在逐步加强。在道德情感方面，孩子主要以具体的道德行为规范为依据，同时也开始出现以内化的抽象道德观念作为依据的道德判断。在意志方面，他们的自觉性、自制力等有了一定的发展，情感独立性逐渐增强。因此，5~6年级是培养孩子坚强意志、良好道德品质的关键期。

再次，这个时期个性的发展也左右着孩子的命运

5~6 年级孩子的自我意识逐步增强，渐渐摆脱对外部的依赖，将内化行为准则作为监督、调节、控制自己行为的依据，从对自己表面行为的认识转向对自己内部品质的更深入的评价。他们对许多事情有自己的打算和想法，非常在意他人是否尊重自己在这方面的权利，因此周围人最好不要干涉孩子的正当活动，避免影响孩子的内化行为。

5~6 年级是小学的最后阶段，妈妈要做的是帮助孩子确立学习目标，掌握正确的学习方法，学习如何有效地利用学习时间，获得努力带来的愉悦感，形成正确的集体意识及友谊观，克服不良的小团体意识，培养面临毕业升学的应试心理，掌握青春期的基本生理知识。

5~6 年级，孩子的身体开始"赴约"青春期

一位 5 年级老师在她的日记中这样写道：小彬是班上最高的男生，尤其是下半学期，他的身体长得非常快，第二性征已经出现。上课时，他经常不专心听讲，说话也变得粗俗起来，而且有时还会有意无意间触碰女同学的身体，导致很多女孩都对他感到厌烦，小彬的学习成绩也一落千丈。随后，我了解到小彬的家庭情况比较特殊，他从小就跟着 60 多岁的爷爷奶奶生活，小彬卧室中有些不健康的书籍和影碟，看来是爷爷奶奶没有对小彬进行正确的青春期教育所造成的。长此下去，小彬的

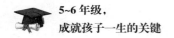
身心健康也将会受到不良的影响。

5~6年级的孩子，他们的身体正经历着重大的"变化"：身高、体重不断增长，骨骼以及肌肉的力量迅速增强，在小学末段进入发育高峰期，性别特征出现较为明显的发展；脑重量迅速增加，到12岁即小学末段已经接近成年人大脑的重量，大脑皮层的发育也逐步完善起来。这些生理上的特点，是孩子即将步入青春期的前奏，也是孩子开始从儿童期向青春期过渡的征兆。

我国教育部新制定的《中小学健康教育指导纲要》曾明确指出：小学低年级，即一二年级的学生，要知道"我从哪里来"的有关知识；三四年级的学生要了解身体主要器官的功能并学会保护自己；五六年级的学生要知道青春期生长发育的特点和个人卫生知识，提高网络安全防范意识。

然而很多妈妈并没有意识到5~6年级的孩子已经悄悄进入青春期前期，更不知道这一阶段需要提前进行青春期教育，她们总是天真地认为孩子还小，青春期还很远。有的家长也许会担心在小学阶段就对孩子进行青春期教育是否过早，会不会使孩子产生好奇心，进而接触到对身心有害的信息。以上的观点和想法不仅会影响双方的亲子关系，也会对孩子的成长造成不良影响，甚至带来伤害。

其实，青春期教育并不仅仅是简单地传授生理知识，父母需要结合心理和伦理等多方面的知识，对孩子进行正确的引导。小学生还没有完全进入性激素的发育期，因此会更加客观、科学地接受青春期知识，尤其是性知识。对5~6年级的孩子进行青春期教育主要是引导孩子对自己的性别产生认同，了解青春期发育的知识。

由于受我国保守的性教育观念的影响，很多妈妈在对孩子进行青春期教育方面有着明显的误区。虽然母亲会为女儿买胸衣、卫生巾等用品，但她们一般不会向女儿解释乳房发育以及月经问题；虽然她们会发现儿子出现了遗精现象，但是也不会向儿子解释何为遗精。家长的躲躲闪闪会造成孩子有意躲避青春期教育，如果家长认识到有必要进行青春期教育，却不知道怎么去做时，不妨试试以下的方法：

方法一：结合生活情境对孩子进行引导

吴女士这几天感觉女儿和平时不太一样。女儿一直是一个活泼开朗的孩子，可是这几天却总是闷闷不乐的，就连和家人说话也表现得十分烦躁。有几次，吴女士明明发现女儿有话要对自己说，可是当自己向女儿投去示意的目光后，女儿却转过头什么也不说。

吴女士知道女儿一定有了心事，但是她并没有强迫女儿和自己说，只是留心观察起来。一天晚上，吴女士问女儿要不要洗衣服。女儿躲闪地说："妈妈，你只要洗自己的衣服就可以了，以后我的衣服都由我自己来洗。"说完，女儿又低下了头。

见女儿这般样子，吴女士一下子便明白了，女儿可能是正经历月经初潮。吴女士轻轻走到女儿面前，将女儿搂在怀里，开心而充满激情地说："妈妈祝贺你。"

"祝贺？"

"是的，祝贺你长大成人。"

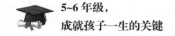
女儿明白了吴女士的话，又低下了头，小声地说着："可是，我感觉很不舒服，见不得人，我都不知道怎么和你说。"

吴女士紧紧地搂住女儿："不是这样的，其实，这是世界上最美好的一件事情，就像破茧成蝶……"之后，吴女士便向女儿讲解这方面的知识，女儿脸上时而好奇时而娇羞，但是再也没有了惊恐和不安。

孩子进入 5~6 年级时，妈妈们一定要细心观察孩子出现的种种变化，一旦孩子出现青春期特征，妈妈们就要充分利用生活现成的情景，自然、及时、恰当地对孩子进行引导和教育。

方法二：对孩子采取间接式的青春期教育

1. 自学自省法

为孩子准备一本适合青少年阅读的青春期教育科普读物，让孩子学会自学自省。通过正常渠道获得的青春期知识远比通过非正常渠道了解这些知识或封锁这些知识造成孩子无知要明智得多。但是妈妈们需要注意两点：一是选取的书籍要恰当；二是不一定当面交给孩子，或是硬逼孩子去读，只需要随意地放在孩子能看到的地方，他们自然会翻阅的。

2. 书面谈话法

有一位妈妈，了解到儿子与班上一名女生交往过密，就采取了给儿子留言的方式，经常为儿子摘抄一些有哲理的话语警醒他，例如："人生有得必有失，学校婉拒的爱情，十年后会与

你重逢。""你没有错，错的是时间、地点以及行为。""聪明的
小伙子不会因为拥有一棵树而放弃整个森林。""爱情除了快乐，
还有责任，你能允诺对方幸福吗？"

通过书面谈话进行青春期教育，往往是面谈的修正和补充，不仅可
以摆脱尴尬，也可以防止面谈的急躁和鲁莽，使家庭教育更有效果。这
位妈妈采取的方式适时、恰当，让孩子在与异性进行交往的时候，掌握
一定的分寸。可以说，这种方式比粗暴干涉更容易让孩子接受。

3. 观念渗透法

观念渗透是指妈妈避免直接说教、生硬灌输，而是采取议论生活
中其他教育素材的方式对孩子进行暗示，从而起到教育的作用。比如，
妈妈平时可以多引导孩子看一些教育类、法制类的电视节目，从诸如
"受骗的少年""犯罪的少年"等真实事件中引导孩子进行思考。另外，
家长的言传身教对孩子的青春期成长也有着非常重要的作用，父母
要全力扮演好自己在家庭与社会中的角色，引导孩子形成正确的性别
意识。

4. 日记疏导法

妈妈可以多鼓励孩子记日记，记日记不仅可以记录孩子的成长足迹，
也可以促进孩子进行自省自律。妈妈还可以引导孩子在日记中写出自己
的真实情感，但是不能过多地干涉孩子的日记内容。如果孩子将日记本
锁起来，妈妈也不应该偷看孩子的日记，毕竟这是孩子的隐私，孩子这
样做也是很正常的。比如，有的孩子喜欢在日记中描述自己幻想的一些
画面，很多家长因此不分青红皂白地加以指责，这是非常错误的行为。
其实，孩子合理的幻想也是一种心理宣泄，尤其对于性格内向的孩子来

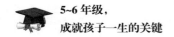
说，更是一种有效的心理调适方法。

5~6 年级是孩子自我意识的强化期

自我意识是指一个人对自己的认识和评价，包括对自己的心理倾向、个性心理特征和心理过程所表现出来的认识和评价。正是由于自我意识的存在和发展，个人才能对自己的行为和思想进行控制和调节，逐渐形成完整的个性，成为独立的个体。

3 岁左右的孩子，已经会熟练使用"我"这个人称代词，他们已经能够把自己当作一个主体的人来认识，这就是自我意识的萌芽阶段。随着孩子抽象思维和逻辑思维的发展，他们的辩证思维也逐渐建立和完备起来，自我意识渐渐增强。到了 5~6 年级，孩子的自我意识再次处于上升时期。在此阶段，孩子不仅有摆脱外界对自己控制的要求，也形成了一定的行为准则来监督、调节和控制自己的行为，他们对自己的评价从小学中低年级时对自己表面行为的认识评价逐渐转为小学高年级时对自己内部品质的深入评价。比如，对于"我是谁"这个问题，小学中低年级的孩子往往会提到姓名、年龄、父母的名字、家庭住址、身份特征等比较表面的认识，而小学高年级的孩子则开始试图根据品质、人际关系以及动机等比较深层的特点来描述自己。

由此可见，自我意识深深地影响着孩子的行为，正确的自我意识会促使他们形成独立意识以及自律意识，最终指导自己的言行。虽然小学高年级的孩子已经开始形成自我意识，能够较为全面地了解到自己的优点以及缺点，独立地分析出自身缺点形成的原因，但他们的自我评价常常是片面的、不客观的，再加上他们的自我调节和控制能力薄弱，尚不能很好地进行自我体验，导致自我意识较为偏激。

那么，对于儿童自我意识的教育应该参考什么样的标准呢？我们可以从以下几点来看：

第一，具有自知之明，既知道自己的优势，也能看到自己的不足，能够正确评价自我和发展自我；

第二，既能积极地肯定独立的自我，又能与外界协调一致；

第三，能够统一理想的自我与现实的自我，具有积极的目标意识和内省意识。

总结起来，健全的自我意识包括自我认识、自我体验和自我控制这三个方面，分别对应着认知、情感、意志三方面，三者协调一致，密不可分。因此，妈妈们在培养孩子健全的自我意识时，可以从这三个方面入手：

方法一：引导孩子形成客观、全面的自我认识

自我意识中的认知部分既形成自我认识，这是自我意识的首要部分，也是决定自我如何进行体验、如何自我调节和控制的心理基础，对孩子形成正确客观的自我认识对健全自我意识有着重要的作用。

小学高年级孩子的自我认识水平有自大型、自卑型、自足型和自弃型四种，针对这四种类型，妈妈可以采取以下这些方法引导孩子进行正确、客观的自我认识。

1. 自大型孩子：一分为二法

肖潇是 5 年级 2 班的班长，非常聪明，接受能力很强，学

习上一点就透，总是轻轻松松就能取得好成绩，而他在数学上
的天赋更是令很多同学都羡慕不已。但是肖潇的人缘却不怎么
好，因为他凡事都喜欢指挥同学，从来都不接受别人的意见，
而且处处表现得高人一等。5 年级第二学期，肖潇被免去班长
职务，因为班上的同学都不愿意配合肖潇的工作。

案例中的肖潇属于典型的自大型，这种类型的孩子主要来自优势家
庭或本身具有很强的优势，他们往往只看到自己的长处和优点，很少看
到自己的不足，习惯于自以为是。对于这样的孩子，应该让他看到自身
的不足：虽然他在数学上有天赋，可是他的口语表达也许并不好，组织
协调能力更是有待提高。如果妈妈能帮助肖潇一分为二地认识自己，发
现自己的长处，意识到自己的短处，肖潇肯定能取得全面的进步。妈妈
还可以建议孩子制作属于自己的优劣势表格，将自己的优缺点全面、客
观地罗列出来，时刻提醒自己，不要妄自尊大，然后加以改正。

2. 自卑型孩子：扬长避短法

与自大型相对，自卑型的孩子往往只看到自身的缺点和不足，缺乏
自信，认为自己不如别人，经常会轻视自己，然而每个孩子身上都有闪
光点，妈妈的责任就是要挖掘出孩子身上的闪光点，并加以发扬。对于
自卑型的孩子更是要寻找他们自身的优势，发挥他们的特长，帮助他们
恢复自信，同时也要促使他们直面自己的短处，对于可以改进的地方一
定要努力改进。

3. 自足型孩子：适当刺激法

自足型孩子比较普遍，他们通常满足于现状，总体感觉自己还不错，
不敢做"出头鸟"，甘居中游，奉行"比上不足，比下有余"的原则。归

根结底，自足型孩子大多责任心不强，缺少动力，目标不明确，对自己的潜能认识不足或是自我感觉良好，很容易满足现状。针对这一类型的孩子，妈妈要引导他们寻找到自足的具体原因，并对孩子施加适当的刺激，从而让孩子的自我认识水平得到一定的提高。

4. 自弃型孩子：成功体验法

自弃型的孩子所占的比例是很小的，他们对人、对事满不在乎，放弃任何努力，自甘落后。让自弃型的孩子多经历一些成功的体验，让他们学会欣赏自己，重新对自己以及价值观进行定位和评价，这样可以激发他们的自信，让他们拥有更强的进取心。

方法二：让孩子积极地体验和悦纳自我

自我意识在情感方面的表现就是自我体验，而自我体验的具体内容是自信心和自尊心，两者与自我评价紧密联系在一起。自尊心是一个人在社会比较的过程中所获得的有关自我价值的积极的评价与体验，自信心是一个人对自己的能力是否适合所承担的任务而产生的自我体验。

在自我体验和自我接纳的基础上，培养孩子自信、自立、自强、自主的心理品质，才能促进孩子的自我发展。当孩子能够平静、理智地对待自身的优势和劣势，用发展的眼光看待自己时，自然会变得乐观开朗。作为妈妈，应该注意引导孩子悦纳自我，建立起不用虚幻的自我来自欺欺人，不消极回避自身的问题，更不要否定、厌恶自己的良好心态。

方法三：教孩子有效地控制自我

自我调节是自我意识的意志成分，主要表现为个人对自己的活动、态度和行为的调控，包括自我检查、自我监督、自我控制等。自我调节直接对个体行为产生影响，是自我意识的能动性质的表现，也是进行自我教育、自我发展的重要机制。5~6年级的孩子，主体意识增强，各方面的能力都有了一定的发展，如果不能让他们进行有效的自我调节和控制，很可能让孩子沾染恶习，影响身心发展。如何提高孩子的自我调节和控制能力，妈妈可以从以下两个方面入手：

1. 帮助孩子合理定位理想自我

理想自我是个人将来要实现的目标，很多孩子不会对其进行合理的定位，妈妈要引导孩子立足现实，从自身实际出发，尽可能结合多种因素进行考虑。定位理想自我既不能好高骛远，也不能妄自菲薄，而应该是通过一定的努力可以达成的目标。

2. 不遗余力地培养孩子的意志品质

对自己进行调节和监督，离不开意志的力量，意志力强的人，在行动的自觉性、果断性、自制力和顽强性等方面都会表现出较高的水平。引导孩子形成坚定的人生观和世界观，增强抗挫折能力，培养独立性、果断性、坚定性，提高自制能力，有助于孩子形成健全的意志品质。

小学高年级，孩子行为习惯的稳固期

一位著名的行为学专家曾经做过这样一项研究调查：被调查者为数千名小学4年级到高中3年级的学生，测试者对他们进行相同的能力、知识以及习惯测试，最后发现学生的知识以及能力水平是随着年龄的增长而逐渐增加的，而学生的习惯得分则没有太大的年龄差异。

因此，行为学专家得出，孩子的行为习惯培养应该在小学 4 年级以前完成，但是这并不意味着 4 年级以后，孩子的行为习惯就定型了。小学中低年级形成的习惯仍具有不确定性和易变性，如果不在以后进行巩固，好习惯就会被淡忘，甚至形成坏习惯。所以说，小学高年级正是稳固各种行为习惯的关键时期。

5~6 年级是小学的最后一个阶段，也是小升初的衔接阶段，这一阶段的孩子在习惯的养成方面，主要从低年级的他律过渡到自律。因此，妈妈要抓住孩子在这一阶段的成长特点，使用更加具有针对性的习惯养成方法。

赵女士的儿子今年 12 岁，刚上 5 年级。赵女士十分看重对孩子的教育，在家教方面也是不遗余力，尤其是在辅导、监督孩子的学习这件事上，更是舍得花时间和精力。在儿子刚入学的时候，为了让儿子养成准时完成作业的习惯，赵女士总是陪孩子一起做作业，有时候也为儿子做讲解，帮助他检查作业。3~4 年级的时候，儿子的作业越来越多，而且经常集中在抄写、背诵这些方面，但是赵女士依然坚持陪伴孩子做作业。

到现在，孩子上 5 年级，作业量倒是有所减少，可是题目变难了，一遇到有点儿难度的题目，儿子就习惯性地将作业本递给赵女士，意思是让赵女士为自己讲解。赵女士这几年也已经习惯了为孩子讲解题目，也就没有在意。可是慢慢地，赵女士发现儿子在学校做的习题正确率非常低，而且很多题目都是

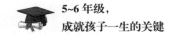
空着的。儿子说自己读了一遍题目后，感觉没有什么思路，认
为自己做不出来，也就不做了。赵女士这才意识到无意中自己
的陪读阻碍了孩子的自主学习以及主动思考能力的提高，让孩
子对自己产生了依赖性。

其实，很多妈妈都和赵女士一样，在教育孩子的问题上都采取"自
我牺牲"的方法，即不管是在孩子的生活上还是在孩子的学习上，总喜
欢手把手地紧紧抓住孩子，生怕孩子脱离自己的视线。这种"自我牺牲"
法，对于小学中低年级孩子的习惯养成会有一定的帮助，让他们在他人
的监督下形成良好的习惯，但是到了小学高年级，这种方法就不能再像
原来那样发挥良好的效果。一旦孩子对家长的"自我牺牲"产生依赖，
或是不理解家长的"自我牺牲"，认为家长过多地束缚自己就会产生逆反
心理。这些都不利于孩子行为习惯的稳固，会间接导致孩子形成新的不
良习惯。

那么，孩子在 5~6 年级的时候，妈妈在帮助孩子巩固行为习惯时，
应该注意哪些方面呢？

首先，巩固好习惯，预防坏习惯

小学高年级培养习惯的重点是巩固孩子的好习惯，同时要防微杜渐，
防止孩子养成坏习惯。尤其在生活中常规习惯的培养方面更应该注意，
5~6 年级的孩子虽然在自律自觉方面有了一定的发展，但还是容易产生
惰性。随着社会活动的增多和思考能力的增强，他们容易滋生虚荣、嫉
妒、抱怨等心理，进而养成攀比、撒谎等行为习惯。此外，与低年级的
孩子相比，5~6 年级的孩子更容易受到外界影响，容易沾染上诸如吸烟、

沉迷于网络、喝酒、夜归等不良行为，这些都需要妈妈们格外注意和警惕。

其次，耐心引导孩子，纠正坏习惯

很多妈妈在纠正孩子坏习惯的时候，常常表现出不耐烦的态度，对孩子冷嘲热讽，甚至出现打骂、体罚等行为，然而 5~6 年级的孩子已经具有很强的自尊意识，如果大人的教育方式、方法不恰当，很可能会伤害到孩子，导致孩子自暴自弃甚至出现过激行为。因此，妈妈在纠正孩子的坏习惯时，一定要有足够的耐心。

在纠正孩子坏习惯的时候，妈妈们可以恰当地使用"胡萝卜加大棒"的政策，做到恩威并施。纠正孩子坏习惯的态度既要坚决，又要注意在纠正过程中使用的方法和处理细节问题，尤其是在使用"大棒"时应该提前进行一定的铺垫，以免引起孩子的反抗。

在纠正孩子的坏习惯时，妈妈可以使用的方法的具体形式有：

1. 激趣式。激趣式，即激发兴趣与严格训练相结合，在训练中调动孩子的主观能动性。

2. 分解式。分解式，即明确要求与具体指导相结合，只要求、不指导就等于空要求。

3. 检查制约式。检查制约式，即检查督促与自我评价相结合，纪律制约与自我要求相结合。检查督促和纪律制约是外力，自我评价和自我要求是内因，内外因共同作用才能达到良好的效果。

4. 疏导式。疏导式，即反复强化与积极疏导相结合。纠正坏习惯绝非一日之功，必须不断强化，并善于寻找突破口进行积极疏导。

5. 体验式。体验式，即实践锻炼与美好体验相结合，用实践填满孩

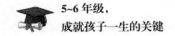
子思想和行为之间的鸿沟，让孩子体验到好习惯带来的美好，促成孩子
自觉纠正坏习惯。

最后，提高孩子的自律能力

5~6 年级的孩子已经具有了一定的辨别能力，可以清楚地分辨什么是
好习惯、什么是坏习惯，而且他们也有了一定的自我调控、自我教育的
能力。因此，在培养孩子良好行为习惯的过程中，妈妈要遵循"从他律
到自律"这一规则，尽量提高孩子的自律能力，这对于巩固孩子的其他
习惯有着重要的意义。

抓住孩子智力的稳定发展期

智力，是人认识、理解客观事物以及运用自身的知识和经验解决问
题的能力。它主要包括：观察力、记忆力、想象力、注意力和思维力五
个方面。智力的形成有着一定的发展阶段，并且个体智力的发展并不是
等速的，一般是先快后慢，到了一定年龄则停止增长，并且智力会随着
人的衰老而下降。大部分专家都认为 0~5 岁是智力发展的快速期；5~10
岁智力仍处于发展阶段，但是发展的速度已没有上一阶段那么快；10~15
岁智力的发展速度逐渐减慢。虽然目前，研究者对智力发展的限度问题
还没有形成定论，但是大部分研究者认为孩子在 18 岁的时候，智力达到
成熟期，接近于成年人的智力。所以，妈妈抓住孩子智力发展的几个阶
段，进行积极引导，将有助于孩子日后的发展。

瑞士心理学家皮亚杰将人自出生至青少年期的认知发展划分成四个

阶段，即感觉运动阶段、前运算阶段、具体运算阶段、形式运算阶段，分别对应的年龄是 0~2 岁、2~7 岁、7~12 岁、12 岁以上。小学高年级正是从具体运算阶段向形式运算阶段过渡的时期，此时，孩子的智力稳定发展，主要表现在：

1. 孩子的观察力由整体向局部过渡

小学中低年级，孩子的观察力已经有了初步的发展，但是他们的观察通常是不自觉的，没有明确的目的性。在观察过程中，孩子很难形成系统的认识，通常会比较笼统地、粗略地观察事物，不会对事物进行横向或者是纵向的比较分析，而且观察的时间也不能持续很久，情绪以及兴趣在观察中还不能起到很大的作用。进入小学高年级后，随着知识经验的积累以及训练的强化，孩子有了比较明确的观察目的性，而且在观察过程中会注意运用比较和分析的方法理解事物的各个部分，从而能够比较深刻和全面地认识事物。总体来说，小学 5~6 年级孩子的观察力是由整体向局部过渡。因此，针对孩子在此阶段观察力的特点，妈妈应该这样提高孩子的观察力：

首先，用兴趣培养孩子观察的主动性，用情绪延长孩子的观察时间。兴趣是最好的老师，当孩子对一件事情产生兴趣的时候，往往会更加主动、深入地进行观察，观察的时间也会持久，这样产生的效果是非常好的。平时，妈妈应该培养孩子在各方面的兴趣，让孩子广泛涉猎各个领域，多接触各种事物，这样孩子自然会对很多事物产生兴趣，进而积极主动地去观察、去挖掘。

其次，培养孩子良好的观察习惯。在小学 5~6 年级，培养孩子良好的观察习惯，一定要使孩子具备观察前明确目的性，观察过程中注意

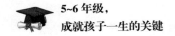
顺序性、精确性以及深刻性。加强观察的目的性，可以使孩子更加专心，免受外来环境的影响；进行有顺序的观察，可以避免孩子只注意事物的主要特征，进而让观察更加全面和完整；在观察中加强思考，注重深刻性，尽量上升到理性高度，可以避免孩子的观察停留在肤浅的表面。

达尔文从小就对动植物表现出极大的兴趣，经常跑到野外去观察它们。出于浓厚的兴趣，达尔文开始搜集一些动植物标本，并做一些简单的记录，有的还会附上简单的插图。有一天，达尔文的舅舅看见达尔文的摘记后，对他说："只是做一些摘记是不够的，你要把自己当成一个画家，但是却不是用颜料和线条画画，而是用文字将它展现出来。你要用文字描述一朵花、一只蝴蝶，你要使别人根据你的文字描述马上就能将它辨别出来。要想做到这样，你必须尽可能地提高自己的文字表达能力，要像莎士比亚那样用文字描绘世界，用文字打动人心。"在舅舅的指导下，达尔文在以后的观察中，详细地记录下观察的结果，并在其中加入自己的想法。20 年后，达尔文根据自己多年的观察记录写出了著名的《进化论》。

可见，只有在观察的同时进行积极的思考，有目的性、有针对性地观察，才能使观察更有意义。

2. 孩子能有意识地进行记忆

小学中低年级的孩子，记忆的目的性还比较差，基本属于机械记忆阶段，只对他们感兴趣的东西印象深刻。而随着年龄的增长，孩子的知识有了一定的积累，理解能力也有了显著的提高，孩子就会主动识记一些比较抽象的东西，在理解的基础上进行有意识的记忆。这时，妈妈抓住孩子这一时期记忆的特点，发挥孩子的理解记忆，就能让孩子更深刻、更牢固地识记知识。

3. 孩子的想象力更富有创造性和现实感

小学中低年级孩子的想象主要是再造想象，即根据言语描述以及图形式样在脑海中形成形象的心理过程。到了小学高年级，孩子的想象更具创造性，向创造想象过渡，他们会根据一定的目的和任务，以自己积累的知觉材料为基础，进行深加工和重新组合，创造出新的形象。此外，相较于低年级孩子的想象，小学高年级孩子的想象更具现实性，这与知识的积累和理解力的提高有着很大的关系。低年级的孩子往往喜欢童话故事，而高年级的孩子较青睐于探险小说或是英雄故事，这些内容比童话故事更接近现实，也更接近他们所向往的生活。

因此，在提高小学高年级孩子的想象力的时候，妈妈一定要增强孩子的创造力和现实感。比如，平时鼓励孩子多动手、多动脑，进行一些富有创造性的活动，像绘画、模型制作、写作等。同时尽量丰富孩子的知识经验，让孩子多接触社会现实，多积累感性材料，丰富自己的认知。

4. 孩子的注意力稳步提高

注意力是一种心理状态，它伴随着感知、记忆、想象和思维等认识活动而生，又维持着这些活动继续进行。从小学低年级到小学高年级，孩子注意力的发展主要表现在：有意注意逐渐发展、注意范围不断扩大、

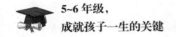
注意的集中性和稳定性逐渐提高、注意的分配和转移能力不断增强。因此，妈妈应该多引导孩子进行有意注意，尽量减少外界环境对孩子注意力的影响；提高孩子的理解能力，扩大注意范围；发掘孩子的兴趣以及保护孩子的情绪等，以提高注意的集中性和稳定性；教孩子学会分配和转移注意的方法，训练眼、耳、手、脑等各方面机能，以达到灵活运用的程度。

5. 孩子的主要思维方式由形象思维过渡到抽象思维

小学中低年级孩子主要以形象思维为主，到了 5~6 年级，逐渐向抽象思维过渡，但是他们的抽象思维在很大程度上仍然与感性经验相结合。妈妈在提高孩子的思维能力的时候，一定不要急于求成，采取揠苗助长的方法，否则可能会产生副作用。首先，妈妈要评估孩子的具体思维发展水平，全面了解孩子的能力，并根据孩子自己的意愿，循序渐进地制订相应的具体目标对孩子进行训练。

5~6 年级，孩子逆反心理的高发期

周五放学后，君君一进家门连鞋都没有换，就直接拿起游戏机玩起来。妈妈几次让他换鞋，他都没有行动。开始时，君君还会敷衍妈妈几句，说自己一会儿就去换，可是两次以后，竟然装作没有听见妈妈的话，继续玩游戏机。当妈妈又一次提醒他的时候，君君一下子火了，冲妈妈怒吼道："你能不能少说几句，我说了一会儿就去，你还絮絮叨叨的。而且我不换鞋怎

么了，为什么非得换鞋？""你这是什么态度，这样和妈妈说话。你还想不想要这游戏机了？明天我就给它砸了！"妈妈边说边怒气冲冲地准备拔掉电源，结果妈妈还没有拔掉电源，君君就一怒之下将游戏机重重地摔在地上，生气地说："不用你砸，我自己砸！"

如果你的家里恰好有一个 5~6 年级的孩子，那么对这种情景应该并不陌生。现如今，很多家庭每天都会上演这样的剧目，在父母无奈地叹息现在的孩子实在太难管的背后，其实隐藏着家长对此阶段孩子的心理特点把握不正确所形成的教育误解。这则故事中的孩子存在着典型的逆反心理，他为了维护自己的自尊，摆出一副与家人的要求截然相反的态度和言行。这就是逆反行为，一般出现在特定的年龄阶段，与孩子自身的心理成熟程度和发育状况有着重要的关系。

从心理发育的角度来说，逆反心理是孩子正常的心理发展，几乎每个孩子在其成长阶段都会出现逆反心理，而每个孩子身上的逆反心理程度又有所不同。逆反心理是孩子在特殊的年龄段形成的特殊的心理特征，与其自我意识的迅速发展有关。此外，还有一些外在因素也会促使孩子逆反心理的形成，比如家长对孩子表现得过于关心、过多干涉、过多批评、过分打压，或者重大的家庭变故、朋友分离以及社会环境改变等都有可能成为孩子逆反心理形成的诱因。

在个体的成长发育期，一般会出现两个逆反期。第一个逆反期，通常出现在 3~4 岁。这时候，孩子开始有了"我"的意识，随着说话、行为、认识、理解事物的能力的发展，他们认为自己能够进行一些尝试，什么都想独立完成。这与父母想要照顾孩子、担忧孩子的教育观念就产生了冲突，因此孩子会表现出与父母所期望的相反的行为。第二个逆反期，通常出现在青春期前后，即小学五六年级到 20 岁左右。这个逆反期与第一个逆反期相似，只是随着孩子能力的增强，这一逆反期间发生的冲突会更加尖锐和严重。这一时期的逆反心理主要表现在：对正面宣传的不认同、不信任，比如对于一些可做可不做的事情，如果父母表现出希望孩子做，那么孩子一般不会去做，即使自己心中十分想做他也不会去做，即大人们眼中的"不受教""不听话"；对于榜样人物、先进典型会持一种怀疑甚至是否定的态度，而对不良行为、不良心理却产生认同和顺应的思想；对于思想道德以及纪律要求的消极抵制以及蔑视对抗。

父母会认为孩子的逆反行为和逆反心理是对自己的反抗，因此经常会采取极端的方式迫使孩子服从。在第一逆反期，孩子经常会屈从于父母的权威和压力之下，可到了第二逆反期，如果父母照例采取禁止、责罚、打骂的方式管教孩子，只会让亲子之间的对抗更加激烈。孩子的逆反心理处理不好，首先会影响亲子之间的沟通和交流，进而对孩子的身心发展造成重大的影响，导致孩子形成人格障碍，还会影响孩子生存能力的提高，使孩子无法适应社会。因此，妈妈一定要重视孩子在逆反心理期的教育，尤其是对 5~6 年级即将进入第二逆反期的孩子更要慎重。那么，妈妈应该如何引导有逆反心理的孩子呢？

方法一：亲切的心理交流和疏导，才能彻底矫正孩子的逆反心理

2007 年 1 月，江西省某地方发生了一桩悲剧，11 名青少年集体跳河自杀。虽然经过人们的奋力营救，但是仍然有 2 名青少年经抢救无效死亡。这 11 个孩子中，最大的 17 岁，最小的

13岁。他们有的刚上初中，有的刚上高中，他们都是老师和同学眼中的"坏孩子"，甚至连他们的父母也这样认为。他们每天无所事事，逃学、上网吧、去舞厅，有的孩子穿奇装异服、公然抽烟、顶撞老师、欺负同学。这群孩子是通过网络认识的。一开始只有三四个人一起玩，之后大家一起唱歌的时候，带着自己的朋友一起来玩，慢慢地就逐渐认识了。他们会定期见面，一起唱歌、上网吧或者是闲逛，有的时候仅仅是大家坐在一起聊聊天。

当悲剧发生时，很多人都不理解这些孩子为什么会这样做。他们为什么不去上学，为什么会选择集体自杀。幸存者后来表示，因为他们感到上学很无聊，每天除了烦躁就是紧张，生活一点儿意思都没有，大家都很迷茫和孤独。想到生命早晚会结束，与其煎熬，还不如给自己一个痛快，让自己潇洒地离开这个世界，于是就相约集体自杀。后来记者采访了这些孩子的父母，发现这些父母提到孩子时就一脸恨铁不成钢的表情，他们根本不知道甚至不关心孩子在想什么。他们只是强调自己给孩子最好的生活条件，而孩子竟然那样对待父母。

了解到这些孩子与父母之间的关系，我们不难看出，悲剧的发生与这些孩子和父母之间缺乏沟通和交流有着极大的关系。孩子在青春期本来就会感到一定的迷茫和孤独，而父母在孩子青春期不负责任的表现甚至是缺席无疑会加重孩子的孤独感和无助感，这样消极、悲观、厌世的情绪无处排解，就有可能导致孩子轻生以求得到解脱，令人扼腕叹息。所以，在孩子的逆反期，父母与孩子进行沟通和交流是十分重要的。妈妈必须及时掌握孩子的心理动态，发现孩子有问题，应及时进行疏导，并给孩子提出相对的建议，与孩子一起克服或解决他们在成长过程中遇到的困难和烦恼。

根据 5~6 年级孩子生理和心理的特点，妈妈在与孩子沟通时也要遵循一定的原则并使用一定的技巧，以免遭到孩子的拒绝，避免使情况恶化。

1. 沟通时，一定要以理解为前提

处于逆反期的孩子最明显的表现就是听不进别人的劝告、批评和建议，最反感家长对自己的教育。因此，妈妈在与孩子沟通时，首先要表示对孩子的理解，在引导孩子的过程中也要尽量避免说教。对孩子给予理解，就是要妈妈放下长辈的架子，倾听孩子的烦恼、同情他们的遭遇、感受他们的情绪，让孩子在一个能获得相对平和的环境里缓解心理压力，感受妈妈的博大胸怀和真诚关爱，从而减轻或消除孩子的对立情绪。

2. 重视非语言沟通，淡化教育痕迹

妈妈不停的说教非常容易引起逆反期孩子的反感情绪，甚至还会激化亲子之间的矛盾，不仅不能使孩子受到教育，还有可能会带来一系列其他新的问题。单一的语言沟通在孩子的逆反期是不够的，妈妈必须注意使用多种非语言沟通方式。有时候非语言沟通更能化解家长与孩子间的矛盾，表达出来的情感也会更真切。对处于叛逆期的孩子而言，一个微笑好过天天说"你真棒"，一个信任的眼神胜过任何威逼利诱，一个拥抱可以让孩子倍感温暖，一次牵手可以让孩子迷途知返。另外，有时候沉默也是最好的警示，这些身体语言会让孩子更加明白妈妈的心意，让他们明白妈妈一直在自己身边。

3. 以宽容的姿态矫正孩子

逆反期的孩子经常会犯错误、做错事情，妈妈必须谨慎对待做错事的孩子。在处理时，首先应该做到对事不对人，做到公正客观，不能侮辱孩子的人格，打击孩子的自尊心，以宽容的姿态矫正孩子，引导他们认识到自己的错误，然后与孩子一起商量出弥补办法，共同解决问题。

方法二：重视社会因素对孩子的影响，使孩子形成正确的自我意识

5~6 年级的孩子，他们的善恶、美丑、是非、荣辱等观念处于不断更新阶段，这些心理活动会受到社会经济制度、文化、道德、法律等各种意识形态的影响。很多妈妈担心孩子过早接触社会可能会对孩子的身心发展产生不好的影响，其实妈妈越是限制孩子接触社会，越会引起孩子的好奇以及反抗之心，导致孩子出现逆反心理和行为。

对此，妈妈不妨放手让孩子走入社会，把对他们的思想情操等各方面的培养同社会生活以及道德风尚联系起来，以提高他们心理上的适应能力，促使逆反期的孩子形成正确的自我意识，使他们更好地适应社会而不至于迷失方向。

第二章

5~6年级，走进小学高年级孩子的内心世界

小学阶段是思维发展的关键期、情感发展的丰富期和行为习惯的养成期。5~6年级孩子心理活动的目的性逐渐增强，他们细心地观察这个世界，留意周围的一举一动，并进行着深刻的思考。不过，由于他们还不够成熟，因此会表现得敏感、怀疑甚至是困惑、不安等，这就需要妈妈及时关注孩子的心理动态，走进孩子的内心世界。

5~6年级，情感识别的快速发展期

《心理学大辞典》认为："情感是人对客观事物是否满足自己的需要而产生的态度体验。"它是一个复杂的体系，具有过程、状态、内容、性质等不同侧面，又可分为情绪、情感和情操三大内容。孩子的心理发展

过程其实就是情感不断丰富和发展的过程，情感发展一般是先产生个体的情绪体验，然后随着能力的提高、经验的增加，情绪识别能力逐渐发展。在 10~14 岁这个阶段，个体的情绪、情感识别能力进入一个快速发展时期，这个阶段的孩子对客观事物的情绪体验更加丰富，进而形成一定的判断并会随之做出选择。

对于 5~6 年级的孩子来说，最早趋于成熟的情感是高兴、愤怒，接着是轻蔑、惊讶、恐惧、厌恶等，在情绪丰富发展的期间，他们对情绪的自觉运用和控制也得到了进一步的完善。这些都为其非言语手段的社交能力提供了有利的条件，也为日后提高情绪表现的复杂性创造了可能性。对于 5~6 年级的孩子来说，他们情感识别的快速发展主要表现在下面几个方面：

1. 情绪的调节、控制能力增强，冲动性减弱

一般来说，随着孩子情绪调节、控制能力的增强，他们的情绪会越来越趋于稳定，这对孩子的人际交往有着积极的促进作用，也能使孩子更加适应学校和社会的学习、生活。

10 岁左右的孩子，基本上已经形成了自我控制情绪的技巧。当他们遇到自己能够控制结果的事情时，基本上能认定解决问题和寻求帮助的最佳策略；当他们遇到那些自己无法控制结果的情形时，他们也能够接受现实，全面衡量；当他们知道有些目标是无法达成时，他们会调节自己的情绪，不再像幼儿那样经常用哭泣、发怒来期望达到根本不可能达到的目标。

2. 情绪、情感的内容不断丰富，社会性成分不断增加

在小学阶段，孩子的情绪、情感内容会发生极大的变化，主要由对个别事物产生的情绪、情感转化为对社会、集体和同伴的情感，即由事物的外部特征引起的情绪、情感转化为由事物的本质特征引起的情感体验。到了小学高年级，这种变化尤其明显。比如，5 年级的孩子往往有着极大的友情需要，他们不遗余力地扩建自己的友情圈子，以至于有的孩子总是不想回家，只想在学校和自己的同伴待在一起。他们逐渐将友谊看成是可以进行自我表露、倾吐彼此秘密的特殊同伴关系，朋友就是有共同兴趣、互相了解、互相诉说个人秘密的人。

3. 高级情感进一步发展

随着情感的社会性成分的不断增加，小学生的高级情感也获得了发展，小学阶段的高级情感主要包括道德感、理智感、意志感和美感。5~6 年级的孩子会形成比较强烈的集体荣誉感，大多数的孩子都会积极参加集体活动，并在集体活动中自觉团结一致，为了集体荣誉尽自己最大的努力。同时，如果他做了影响集体荣誉的事情，也会感到非常懊恼、自责和内疚。

尽管小学高年级的情感有了较大的发展，但他们在情绪体验方面并没有发展到十分成熟的阶段。青少年的情绪体验具有易感性、兴奋性以及容易波动起伏的特点，尤其是青少年初期，他们的情绪变化发生得快，平息得也快，情绪维持时间较短且喜怒无常。这既有生理方面的原因，也有心理方面的原因。生理方面，青少年内分泌腺的活动水平较高，尤其是肾上腺素的分泌增加促进了情绪的兴奋性，大脑皮层的神经兴奋过程强于抑制过程，自然会激发情绪波动。心理方面，情绪是与需要、评价、预期结合在一起的，而青少年的需要、评价和预期经常处于变化中，从而导致情绪的易感与兴奋。随着小学高年级孩子自我意识的增强与评价认知能力不成熟之间产生的不平衡、对自由独立等强烈的要求，以及学习成绩、人际交往等外界各种因素都会导致孩子情绪体验上易感、兴奋和波动起伏。所以，妈妈一定要重视起来，如果不好好处理，很可能会让孩子形成矛盾、焦虑、悲观或其他负面情绪。

　　一个 12 岁的小女孩在她的作文中曾这样写道：小时候，我很爱学习，成绩也不错。大概是 10 岁时，我在同学家中，看到了《故事会》这本杂志。那是我第一次看这本杂志，很快我就被里面的故事吸引住了。从此我爱上了这本书，并以此为契机，喜欢上了课外阅读。每天放学回家，我就迫不及待地打开课外书。但是看课外书的时候，我会感觉很内疚，觉得自己应该先写作业。可是我自己就是放不下手中的课外书，没办法，只好一边看课外书，一边告诉自己看完这一篇文章就赶紧写作业。但是看完一篇又想看第二篇，然后又开始内疚。

　　有时候，妈妈看见我看课外书，就会很生气地说："还看，还看，赶紧写作业。""我还有 5 分钟就看完了，5 分钟之后我肯定写。"我央求妈妈道。可是，不到 3 分钟，妈妈又过来了："还没有看完吗？再不写又得写到 12 点了。"听到妈妈这样说，本来就很内疚的我更加烦闷，不理妈妈，继续看我的课外书。妈妈还在一旁唠叨："你看宁宁，一放学就先写作业，要不人家的成绩那么好，都是努力的结果。你看看你，天天就知道看这些课外书，它能帮你提高成绩呀？！"妈妈的话让我更烦了，因为她说的似乎都是正确的，作业的确越来越难写，我的成绩也越来越差。妈妈还在一旁唠叨。我只好合上课外书，开始写

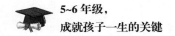
作业，可是刚写了 10 分钟，我就写不下去了。我又偷偷看起课外书，过一会儿又开始内疚，然后再写几分钟作业，就这样我折腾到晚上 12 点才写完作业，而且整个晚上，我一直听着妈妈的唠叨。

小学高年级孩子的情绪处于快速发展时期，心理波动较大，同时他们又处于逆反期，不愿意将自己的心理活动与妈妈分享，这就很容易造成亲子关系出现矛盾甚至形成冲突。对此，妈妈应该对此阶段的孩子进行正确的引导：

方法一：对孩子的批评和表扬应该适时、适度

妈妈应该为孩子的成长创造出良好的家庭环境，不管是在生活还是在学习上都不应该给孩子过多的压力。这一阶段的孩子处于认知逐渐形成的时期，他们非常看重别人对自己的评价，他人的表扬或批评往往会引起孩子情绪上的很大波动，所以妈妈对孩子的批评和表扬一定要适时、适度。

方法二：帮助孩子提高自制力，进行情绪自我调试

小学高年级的孩子应该学会控制自己的内心意志，做到主动调试自我情绪。妈妈可以教孩子使用一些具体的方法，比如合理宣泄法、身心放松疗法等。

合理宣泄法就是当出现烦躁或是愤怒等消极情绪的时候，要学会主动释放心中的情绪。比如，可以哭出来或是大声叫喊出来，还可以用书写或是谈心等方式进行合理宣泄。身心放松疗法就是当产生不良情绪的时候，有意识地使自己的身心得到放松。比如，可以想一些高兴的事情，对自己或是他人进行体谅，或是深呼吸、用画面创造轻松的心情，这些方法都可以转移或是抵消不良情绪，使身心得到放松。

从众心理：孩子习惯听从别人的意见

孩子到十一二岁的时候，对人际交往开始有了更深层次的渴望，渴望得到友情，也渴望得到他人的认可。小学低年级的时候，孩子的小伙伴并不固定，但是到了高年级，他们开始逐渐凭着相近的爱好、情趣以及个性来寻找伙伴，结成朋友，形成自己的小群体。他们会经常一起上下学、做作业、玩耍、相约出游等。在学校里，这些小群体的表现会更为明显，经常是三五成群地聚在一起聊天、做游戏，和别的群体交往很少。

在这种小群体中，孩子为了赢得同伴们的认可，为了能够与同伴进行活动和游戏，往往会主动适应小群体的环境，顺从小群体的要求，有时甚至还会屈从于不合理的要求，从而表现出强烈的从众心理。所谓从众，是指个体迫于真实的或臆想的、群体的或个人舆论上的压力，在观点和行为上不由自主地趋同于多数人的一种现象。5~6 年级的孩子，思维还不够稳定和成熟，当他们感到自己的想法、态度和其他人不一样的时候，为了与大多数人保持一致，就会改变自己原有的态度和想法。

5~6 年级孩子的这种从众心理不仅表现在与同伴的交往上，还表现在其他方面。具体包括：

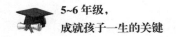
1. 在课堂上表现为思维从众

在课堂上，学生经常不独立思考，听到别的同学的答案后跟随回答。在老师提出一个问题后，如果有一个同学说出了答案，不管答案是对还是错，马上就有很多同学开始重复。如果老师追问一句"你们确定吗"，一部分同学就会默然不语，还有一部分同学会马上改变意见，这样的课堂互动当然达不到促进积极思维的目的。

2. 在活动中表现为行动从众

不管是在自发的小组活动中还是在有组织的集体活动中，孩子为了能参与其中并得到别人的认可，不得不屈从别人的意志而压制自己的主观意愿，接受别人的指挥，即使对方是错误的也无所谓。

3. 在交往中表现为语言从众

小群体中的孩子有着固定的语言，在一起的时间长了，语言风格也会变得非常相似。在小群体中有着一定地位的孩子，随口说出的新奇的、有趣的甚至粗俗的语言都会成为群体中其他成员竞相模仿的内容。美国心理学家认为："某种程度上的从众是一种恰当的适应机制，虽然从众可能意味着要牺牲自己的独立见解，但是它可以很好地与其他人相处，这在人类社会中也是很重要的。"盲目从众、事事屈从也有着不小的危害，需要孩子们掌握好尺度。

方法一：培养孩子的自信心

自信心是一个人对自身力量的充分估计和认识，是自我意识的重要组成部分。孩子对自己的能力估计不足，就会认为自己做什么都不如别人，进而完全从属于别人的评价，特别是在做决定、表达意见的时候犹犹豫豫，不敢表达自己的想法。孩子自信心不足通常表现为依赖性强，过分依赖别人、意志薄弱以及行动反应差，于是经常发生以能力强的同伴的行为作为顺从的榜样。由于能力强的孩子经常受到老师的表扬，其他孩子就会觉得他的行为很可靠，和他们意见一致，心中就会产生安全感和认可感。

通常，缺乏自信心的学生比较容易产生从众心理，那些经常被老师和他人忽略的学生会因为自信心不足选择人云亦云来避免使自己陷入孤立，那些成绩不好、能力不强、经常犯错误的学生为了避免出错也会选择人云亦云。这些孩子即使看出其他同学的错误，也会因为不自信而不敢表达出来，内心保留着自己的想法，在表面上仍然选择从众。在面对孩子对自己评价肤浅、不稳定的时候，妈妈要用肯定的语言评价孩子的各个方面，尽量少使用怀疑或是否定语气。否则会导致孩子怀疑自己的能力，对自己失去信心，从而被迫向别人看齐，加重从众心理。

此外，妈妈还要不断提高孩子各方面的能力，让孩子有充分表现自己的机会，让他增强自我的认识，从而相信自己的力量。

方法二：提高孩子分辨是非的能力

孩子产生从众心理的另外一个重要原因就是来自团体的压力或影响，当孩子做出不同于伙伴们的行为的时候，常常会受到小团体中其他成员的冷落、排挤和嘲讽，因此几次碰壁之后，孩子就会学"乖"了。所以，妈妈有责任培养孩子明辨是非的能力，鼓励他们敢于表达并且坚持自己的意见，这对于避免孩子产生从众心理非常重要。

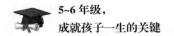

"孩子有了自己的秘密" ——妈妈要尊重孩子的隐私权

有一位妈妈有一次没有敲门就走进女儿房间，女儿竟然恼怒地责问妈妈："找我有什么事，为什么不敲门就进来？"妈妈听到女儿用这样的语气和自己说话，吃惊之余也很伤心："这样对自己的亲妈，真是白养她这么大。"但是女儿在自己的日记中却这样写道："我在房间学习，有时就会感觉背后有呼吸的声音，猛一回头，发现妈妈正在偷偷观察我，看我是不是在认真写作业，这让我非常不舒服。妈妈不敲门就进我的房间，让我特别反感，每个人都应该尊重别人，父母也应该尊重孩子。"

5~6 年级的孩子开始奔赴青春期，他们心里开始有了自己的小秘密，不再希望将自己的一切都展现在别人面前。比如，小学中低年级的孩子可能还喜欢和父母一起睡觉、洗澡，而小学高年级的孩子则希望能够拥有一个属于自己的房间，单独洗漱、就寝；小学中低年级的孩子会缠着父母送自己上学，而小学高年级的孩子则希望骑着自行车或步行去学校；小学中低年级的孩子一放学就自觉回家，而小学高年级的孩子则不玩到天黑就想不到回家；小学中低年级的孩子考了好成绩会很高兴，考了坏成绩也不会太难过，而小学高年级的孩子考了好成绩会将甜蜜放在心里，考了坏成绩会想办法将成绩单藏起来，甚至把自己也藏起来……

　　孩子的这些表现正是他们独立意识以及自尊意识发展的标志，这个时期的孩子在心理上出现了一系列的变化：他们对父母的依赖性减少，成人化倾向明显，希望得到别人的尊重。这个时期的孩子，因为能力的增强，内心变得敏感、细腻，对许多事情开始有了自己的看法，但是并不会轻易向别人表达自己的想法。与小时候相比，此时的他们更倾向于把话藏在心里等着父母去发现，或是把自己的想法倾诉在"日记本"上不让父母发现。

　　在孩子 5~6 年级的时候，妈妈和孩子之间的冲突日渐明显。随着孩子年龄的增大，父母反而越来越担心孩子，总是想把孩子置于自己的掌控之下。但是家长越是控制，孩子越是逃避，于是家长开始千方百计地窥探孩子的隐私。这种做法本意是关心、爱护孩子，结果却造成了亲子关系的紧张。孩子内心世界的秘密有正确的也有错误的，但是不管正确与否都是孩子内心成熟的一种表现，孩子的秘密是他的隐私，即使作为父母也应该予以尊重。对待 5~6 年级的孩子，家长一定要学会尊重，千万不能因为孩子不再像以往那样对自己说心里话、悄悄话而心急焦虑，以至于采取"偷看"之类的行为，伤害孩子的自尊。

　　当然，尊重孩子的隐私，并不是在这个阶段对孩子不闻不问，而是要求妈妈们以理解的心态、保护的目的、温柔的方式读懂孩子的心理世界。

　　　李太太的儿子上 5 年级，有一天，儿子拿着数学书让妈妈给他讲解其中的一些习题。李太太给儿子讲解完之后，又给儿子出了两道习题让儿子再练习一下。在等待儿子做题的过程中，李太太翻看儿子的数学书，突然一张小纸条映入眼帘。这张小纸条上写着："为了让敏敏注意到我，我的数学成绩一定要达到95分以上！"李太太用眼角的余光看了看儿子，儿子似乎没有发现自己看见了小纸条。李太太平复了一下心情，然后很自然地将书翻到了另外一页，装作什么也没有看见，继续翻看数学书。李太太本想和儿子谈谈，但是现在显然不是好的时机，而且儿子的行为也没有什么大的错误，如果自己大动肝火不仅会伤了儿子的自尊心，还会引起儿子的反感。

在《儿童权利公约》中，隐私权是孩子非常重要的权利之一，如果父母能够保护孩子的隐私权，才是对孩子人格的真正尊重。那么，妈妈又该如何尊重孩子的想法，保护孩子的隐私呢？

方法一：用心观察和了解孩子的心理世界

孩子处于5~6年级的多变期，很容易出现消极的心理问题，比如自卑、孤独等，还可能会沾染抽烟、喝酒等恶习，结交一些不三不四的朋友，出现早恋、网瘾、夜不归宿等行为。在处理这些问题时，妈妈既要表现得坚决，让孩子明白自己的立场，又要照顾孩子的心理不能一味地打击和强迫，更不要企图给孩子拴上一条链子将孩子紧紧地攥在自己手中。

妈妈应该以一种让孩子感觉舒服，甚至是不着痕迹的形式给予孩子更多的关爱和帮助。在这个过程中，也要避免做出一些过激的行为。比如，不要随意拆看孩子的信件，收到孩子的信件时，一定要亲手交给孩子；不要翻看孩子的日记，允许孩子有自己的私密空间；不随便出入孩子的房间，进屋前要先敲门；不监视、跟踪、监听孩子，给孩子足够的信任；孩子不愿意说话的时候，不要逼迫孩子；平时涉及孩子的事情要事先听听孩子的意见。

方法二：有的放矢，引导孩子健康成长

孩子心中的隐私是孩子的秘密，也是孩子的困惑，妈妈要尊重孩子的隐私，但也要重视他们的困惑。5~6年级的孩子尽管自主意识增强，但是非观念还不是很强，独自处理事情的能力也有所欠缺，所以在处理诸如情感、学习、生活以及人际关系等方面的问题时还不能很好地把握尺寸。因此，妈妈在认真观察孩子的心理动态时，还应对孩子的困惑进行引导，这样才能真正帮助孩子解决心理问题。

在尊重孩子隐私的同时，妈妈要注意与孩子进行情感上的沟通，努力营造出民主、平等、宽松的家庭氛围，让孩子把妈妈当成朋友。当打开孩子的心扉后，妈妈再用自己的经验和知识来帮助孩子，引导孩子健康成长。

你所不知道的孩子的内心世界（1）：想要独立

教育家蒙台梭利认为：儿童存在着与生俱来的"内在生命力"或者说"内在潜力"，即孩子具有自我学习、使自我趋于完美的潜能。这种潜能是一种主动的、积极的、发展着的存在，具有无限的力量。除非有特殊的原因，否则儿童的发展倾向肯定是向着独立而发展的，也就是说，人走向独立是自然的法则。而蒙氏教育方法就是建立在较少干预儿童自

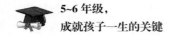
发性的活动的基础上，使孩子可以自由探索发展。孩子只有在自由的氛围中，才可能发展自己。

孩子的这种独立发展在青春期会表现得更为明显，这时候的独立更多地是表现在心理、思想和意志等方面上的独立。如果说第一次诞生是人作为独立的生命而存在的话，那么青春期的第二次诞生就是孩子作为独立人格的人而存在。这种心理上的"成人感"使孩子渴望独立，不能容忍完全被父母掌控的局面。

5~6年级的孩子即将步入青春期，生理和心理都会发生很多变化，不但孩子们会对这些变化表现得无所适从，有的父母面对孩子的这些变化也会手足无措，惊慌之下就会演变成想要掌控孩子，逼得孩子与自己针锋相对。家长期待自己与孩子的关系是紧密的，最好是"你中有我，我中有你"的关系，父母对孩子的这种心理被称为"心理卷入"。有人说中国的孩子是被家长抱大的，孩子到了成年，家长还是不想将孩子放下来。父母对孩子的这种心理卷入主要表现在：

1. 父母对孩子的过分依赖

很多人认为孩子不独立表现为对父母的过分依赖，其实父母对孩子也经常表现出依赖，而且父母更多的是在精神上过分依赖孩子。很多父母经常将自己的得失与孩子的成就大小联系在一起，把自己的梦想寄托在孩子身上，要求孩子用成人的功利价值标准进行取舍。如果孩子朝着父母所期望的方向发展，父母心里就会产生满足感和自豪感。如果孩子的发展不能满足父母的心愿时，父母就会产生失落感和焦虑感。家长对孩子的过分依赖，长此以往只会给孩子造成心理压力。

2. 父母对孩子的过分保护

父母对孩子的过分保护会让孩子逐渐失去自我，无法全面、客观地评估自己、观察社会。这种过分保护，通常会产生两种极端的结果：一是孩子对父母的指引全盘肯定，对父母过于依赖，形成思维惰性，无法选择适合自己的生活道路；二是孩子对父母的要求会全盘否定，陷入盲目的敌对之中，强化了青春期的"逆反"心理。

3. 父母对孩子的过分关注

当今社会，孩子所接触的信息是非常丰富的，但是由于他们正值青春期，考虑问题往往比较简单、片面，因此经常会表现出盲目冲动、幼稚的一面，这无疑加大了家长的教育难度。但是很多父母对孩子辨别是非的能力往往不够认同，总是有意无意地干涉孩子的生活，这就导致孩子可能会将青春期普遍存在的适应不良的问题都归到父母身上，让亲子关系变得非常紧张。

父母心理卷入度高不仅剥夺了孩子的心灵空间，同时也剥夺了自己的自由空间。孩子对这种心灵的私人空间总是被侵占、被填充的境遇也是非常不满的，要知道在他们的内心世界里，非常渴望拥有独立的空间，希望大人能够尊重他们，让他们按照自己的意愿做事。这种独立不仅包括身体上、意志上的独立，还包括思想上的独立。孩子只有在这些方面享受到独立的权利，他们的"成人感"才能得到满足，一些心理问题才能得到纾解，与家长的关系也才能得到缓解。那么，妈妈在生活中应该从哪些方面满足孩子身体、意志和思想上的独立感呢？

方法一：实现与孩子在人格上的分离

从孩子5~6年级开始，妈妈就应该与孩子保持一定的心理距离。妈妈和孩子都是具有独立人格的个体，即使是有血缘关系的父母和孩子之间也不能为了对方而完全牺牲自己，更不能把自己的主观意志强加给对

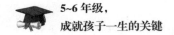
方。家长不可能永远陪伴在孩子身边，也不可能永远为孩子做主。为了让孩子在日后能够更好地适应社会，父母必须学会放手，让孩子独自去体验飞翔，这样孩子的羽翼才能更加丰满，也才能飞得更远。

妈妈要在人格上与孩子进行分离，就是要做到自己不对孩子产生依赖，不要让孩子对自己产生过分依赖。在日常生活中，妈妈不能过分地宠爱孩子，替孩子包办一切，更不能包办孩子的理想、爱好、兴趣，否则孩子就会感到自己没有什么可做的，无法形成主动的习惯。正确的做法应该是在陪伴中引导孩子，帮助孩子形成自己的价值观，使孩子产生推动自己前行的行为。

方法二：培养孩子的自主性素质

孩子的自主性素质是在日常生活中逐渐培养的。自主性素质包括独立性、主动性和创造性三方面。自主性素质的核心是使个人与社会的关系更和谐，个人从中充分发挥自己的潜能。自主性素质较高的人，不仅能更好地适应社会，还能为社会的发展做出更大的贡献。此外，自主性强的人还能够通过自我教育，不断超越自我，使自己变得更高尚。因此，妈妈不仅要保护孩子的自主性萌芽，在平时还应该多鼓励孩子自己做主，给孩子一定的自由，通过适当的锻炼使孩子的自主性意识得到发展。

方法三：把握孩子对亲子情感的需求值

虽说 5~6 年级的孩子渴望独立，但是他们因为年龄、心智尚不成熟，情绪不容易稳定，情感变化也比较快，比如当他们需要安静的时候，情感需求就比较少；当他们高兴或是受到委屈的时候，情感需求可能就会比较大。妈妈一定要了解孩子在不同的时间和地点的情感需求，在孩子渴望关爱的时候不要冷落孩子，在孩子渴望自由的时候不要溺爱孩子。

你所不知道的孩子的内心世界（2）：情绪低落

最近很长一段时间，11 岁的菲菲情绪一直都很低落。以前的菲菲是那么活泼、开朗，最喜欢的事情就是去 KTV。但是这段日子里，菲菲每天放学回家后，却直接钻进自己的房间，只有在吃晚饭的时候才会出来一会儿，也很少和父母说话。究其原因并不在父母身上，而是菲菲的一个好朋友要跟她的家人移民到澳洲去了。她们俩从一年级开始就在同一个班级，已经有六年的友谊了。这位好朋友的离开自然给菲菲造成了很大的打击。

在一开始，父母就明白这件事对菲菲的冲击，妈妈安慰菲菲道："以后你还会交到很多好朋友的，不要因为这点儿小事而烦恼。"但是菲菲的心情并没有因此好转。三个星期过去了，妈妈有些不耐烦了，尤其是看到菲菲这次的成绩竟然下降了十几名，更是怒火中烧："你看你整天哭丧着脸，成绩也下降了这么多，你还有点儿出息吗？一个朋友离开，你就成了这样，那等以后我离开了，你还不活了呀！"听了这样的话，菲菲感觉更痛苦了，好朋友的离开对她已经是个不小的打击了，现在妈妈竟然说这样的话，无疑是对菲菲的双重打击。菲菲当时就和妈

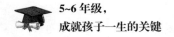
妈大吵一架，情绪也因此变得更差了。

升入 5~6 年级，很多孩子都会出现像菲菲这样的情绪低落期，妈妈们也会发现孩子再也不是原来那个天真烂漫的孩子，常常会因为一点点小事而情绪低落，也不像之前那样哄哄就恢复，有时会几天甚至一两个星期都提不起精神。虽说情绪低落是人经常可能出现的状态，但是对于 10 岁以上的孩子来说，情绪低落不仅影响学习，长期这样还可能导致孩子得忧郁症。

孩子的情绪管理能力培养是家庭教育中的一个重要内容，情绪管理是情商组成的重要部分，对于即将步入青春期的孩子来说尤为重要。有的妈妈对于情绪低落的孩子往往不能给予充分的理解，反而总是在言语上刺激孩子，这就让本来情绪已经很低落的孩子更加低落了，甚至导致孩子形成逆反心理，让亲子关系变得格外紧张，最终影响孩子的身心发展。

其实，对于情绪低落的孩子，妈妈不能进行严厉的打击，这样只会让情况变得更加糟糕。而是要给予孩子恰当的安慰、鼓励和引导。那么，当孩子情绪低落的时候，妈妈怎样做才能更好地安慰孩子，进而引导孩子呢？

方法一：支持孩子的最佳方法，无疑是聆听孩子的心声

孩子会因为朋友的一句话、老师对其他同学的称赞或是失去一个小宠物而情绪低落。从父母的角度来看，这些事情无关紧要，但是站在孩子的角度来看，这些事情非常重要。面对这些情形，如果父母说出"有什么大不了的""天天想着那些鸡毛蒜皮的小事情，有什么用""你怎么这么没有出息"之类的话，只会深深地伤了孩子的心。

为此，妈妈首先要接纳孩子的感受，不要说出否定孩子感受的话。然后在适当的时间和孩子好好沟通，了解他们的感受和心情。妈妈在聆听孩子感受的时候，可以采取积极聆听的技巧，比如对孩子说"你现在肯定特别难过""我明白你的感受""我相信他一定深深地伤害了你"等之类的话语，这样会让孩子感到妈妈是在支持自己，从而拉近亲子间的心理距离。这时妈妈再适时地加上一些肢体动作，比如拥抱，更能让孩子感受到妈妈的关怀。总之，妈妈应做个耐心的倾听者，让孩子痛痛快快地倾诉心情。

方法二：行动起来才能制止住情绪低落

虽然忧郁、低落的情绪往往会滋生人的惰性，但行动却是它天然的克星。如果孩子一味地沉浸在失落中，不采取行动，失落就会持续得更久。所以，为了避免失落情绪的蔓延和持续，妈妈还要鼓励孩子做一些积极、有活力的活动。妈妈可以与孩子商量一些计划，根据孩子的实际情况来执行，如果孩子实在没有心情，也可以让孩子先做一些琐碎的事情，消耗孩子的时间和精力，这样有助于转移孩子的注意力，行动起来，孩子才有可能忘记失落，寻找到新的目标和任务。一次旅行、一场比赛、一个奖赏，都可能会激起孩子的斗志，转换孩子的心情。

你所不知道的孩子的内心世界（3）：心理的闭锁性现象

芊芊从小就特别乖巧，非常听妈妈的话。妈妈说什么，她就会去做什么，妈妈不让做什么，她肯定是不会去做的。如果遇到什么事情，芊芊肯定会首先征求妈妈的意见。这样乖巧的芊芊让妈妈很是放心。但是随着芊芊年龄的增长，妈妈发现芊芊的性格越来越内向，一见到生人就会躲到屋子里，特别不善于和人打交道。芊芊的班主任也说芊芊学习成绩好，从来也不会惹事，可就是太内向，很少和同学交流。尤其是到了12岁，芊芊变得更不爱说话了，现在同学们都说芊芊是一个很"冷"的人。在学校，同学们都是一起玩闹的，只有芊芊总是静静地坐在自己的座位上，也不说话，安静得像是不存在一样。她从来不参加集体活动，也不愿意接触新鲜事物。芊芊在家也几乎不怎么说话，有时候能在家连续看十几个小时的电视也不和妈妈交流。妈妈为此十分着急。

进入青春期前，孩子们会在心理和言行上开始发生一些变化，比如他们会介意有人翻看自己的东西，他们会选择写日记倾诉自己的情绪而拒绝与他人交流，他们与朋友交往时不再像小时候那样坦率，他们更渴望独处的空间，他们有时会把自己锁在屋子里一整天。这种行为常常令妈妈们很不满意，也很担忧。

从心理学角度来讲，5~6年级的孩子在心理和言行上变得孤僻，是处于青春期的孩子心理发展过程中的一种正常现象，这种现象被称为"心理的闭锁性现象"。孩子在小的时候，思想以及心灵就像是一湾清水，清澈见底。可是随着年龄的增长，特别是到了5~6年级的时候，孩子的内心开始有了秘密，并且不愿意向别人袒露。他们在自己的周围立了一圈栅栏，不让其他人走近，这其中也包括自己的父母。孩子产生闭锁心理主要是因为孩子的独立意识有所增长，自我意识有所发展。5~6年级的孩子随着抽象思维能力的逐渐加强，就会积极地用自己的内心去体验世界，他们对别人尤其是对父母的依赖开始减少，经常会表现出一些"小大人"般的举动。这种独立意识的发展是心理成熟的表现，但是因为他们对许多事情还没办法完全把握准确，因此时常会发生让自己和成年人对立起来的行为。如果孩子和家长长期没有良好的沟通，隔阂就会由此产生，亲子关系就会变得十分紧张，而且孩子也会因此产生不同程度的孤独感，甚至发展成为孤僻性格，严重影响身心健康的发展。那么，当孩子出现心理闭锁现象，妈妈应该如何协助孩子处理好这个问题呢？

方法一：妈妈应该让孩子的身心保持活跃的状态

一般来说，生活态度积极的孩子不容易产生心理闭锁现象。为此，妈妈应该营造积极、阳光的家庭生活氛围，让孩子时刻感到家的温暖。有研究表明，孩子除了会因为学习上的问题产生闭锁心理外，家庭问题也会让孩子封闭心理，比如父母不和睦、家长因为工作而冷落孩子，以及父母与孩子的沟通方式不当，这些都会让孩子封闭自己的内心。营造良好的家庭氛围是非常重要的，在民主、和谐、温暖的家庭环境中，孩子可以充分发表自己的意见，得到最多的关注和关爱，有什么问题也会想到和父母商量。

方法二：教孩子正确面对失败和挫折

孩子一遇到失败和挫折就会变得很脆弱，有的孩子经历过几次失败后，就不敢再次尝试，他们无法承受挫折带来的沮丧和压力。所以，妈妈在孩子遇到挫折和困难的时候，一定要及时疏导他们的消极心理，教会他们调节好自己的情绪，让他们在挫折中吸取教训，鼓励孩子重新出发。

方法三：鼓励孩子与人交往

孩子多与人交往，就不会产生孤独感，也更容易向周围的人表达自己的看法。善于交际的人，肯定都是性格开朗的人，孩子也是如此，如果孩子能和他人多交往，性格也会变得活泼起来。因此，妈妈在平时可以多带孩子出去，向他人介绍自己的孩子，同时也要鼓励孩子多参加集体活动。合群的孩子，往往会得到老师的关注，也会交到更多的朋友，心灵也容易向周围的人敞开。

方法四：妈妈要时常与孩子进行交流

当孩子心中的困惑和烦恼越来越多的时候，孩子就会越来越自闭。因此，妈妈应该在平时多与孩子进行交流，防止问题越来越严重。与孩子的沟通和交流一定要尊重孩子的意愿，不能强迫孩子，为此妈妈可以从孩子感兴趣的话题入手，引导孩子畅谈，让孩子主动说出自己的烦恼和困惑。在孩子说出自己内心感受的时候，妈妈也要注意不要轻易评论或是一味指责，而是把自己的感受告诉孩子，然后与孩子一起分析，做出正确的选择，这样才有助于解决孩子的心理问题。

5~6年级，妈妈如何扮演好自己的角色

好妈妈胜过好老师，好妈妈一定要扮演好自己的角色，这样才能给孩子最好的引导。但是很多妈妈经常会感叹：做一个好妈妈实在是太难了。知道了一种方法，可能却用错了另外一种方法；明确了一种技巧，可能忽略了另外一种技巧。那么，怎样才能扮演好孩子的好妈妈呢？

5~6年级，了解孩子不同的心理需求

5~6年级的孩子，即将步入青春期，他们已经不再满足于仅仅用耳朵、眼睛、手、鼻子去感觉这个世界，更多的是用心去感受这个世界。在这个阶段，孩子的心理需求发展到了一个新的高度。他们总是憧憬未来，但又怀念童年；他们追求完美，但又总是经历遗憾；他们习惯被拒

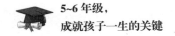
绝，却在内心深处渴望被关注。

在这样的矛盾心理下，孩子表现出来的种种行为有时滑稽可笑，于是大人对孩子开始横加管束。然而，家长的这种想法势必会引起孩子的不满和反抗，导致家长和孩子之间的矛盾、冲突不断升级。其实，妈妈之所以与孩子发生冲突，大部分原因是妈妈对孩子不够了解。如果妈妈不了解孩子的需求，就不能满足孩子的心理需求，也就不能为孩子提供正确、恰当的帮助。为此，妈妈要想扮演好自己的角色，避免与孩子之间的冲突再次升级，引导孩子身心健康的发展，就必须了解孩子在这一阶段的心理需求。

5~6 年级的孩子主要有三个方面的心理需求：

1. 物质需求得到合理的满足

物质需求是人的第一需求。5~6 年级的孩子对物质需求表面上还停留在服装、玩具和零食上，但实际上已经发生了很大的变化，他们更多的是希望借助物质来达到心理上的满足。小学中低年级的孩子还没有开始追求个性，他们习惯从众是因为可以让他们有安全感，帮助自己更好地融入群体中。但是随着孩子年龄的增长，当他们逐渐熟悉了周围的环境与人群，便开始想要彰显个性，在群体中争个高低。比如，孩子回家说谁又买了新鞋，谁又换了新手机，谁的书包上有着漂亮的挂饰，谁要在生日那天请朋友吃饭等，妈妈如果听到这些话，通常会将这些话理解为孩子虚荣。

其实不然，孩子只是想通过这些行为举止在群体里标榜自己，然后通过这些向成年人看齐，可以说他们对物质的渴望也是成长的需求。遗憾的是，很多妈妈在对待孩子的这种需求的时候，往往表现为不理解，认为孩子过于虚荣而对孩子的物质需求进行压制。然而，往往事与愿违，大人越是压制，孩子越是反抗。对于孩子的物质需求，妈妈只要掌握好一定的度以后，应该给孩子适当的满足。如果家庭经济状况较好，可以让孩子的生活水平高一些；如果家庭经济状况不太好，那么，千万不要因为怕孩子受委屈而硬要让孩子去享受高消费。这种死要面子活受罪的做法，不但不会让孩子自信起来，还容易使孩子不考虑家长的经济能力而滋生一些不良习性。

2. 与同龄人的交往需求

孩子在 5~6 年级以前，他们在心理上更多的是依赖家长，但是5~6 年级以后，随着孩子生活圈子开始变大，与朋友之间的交往变得重要起来。5~6 年级的孩子开始有自己的小群体，他们一起逛街、打球、去玩耍；他们可以为朋友在学校门口等上一个小时，也可以代替朋友受罚，他们之所以这么看重朋友是因为同龄人比家长更理解自己，更能给自己提供直接的帮助，分享自己的喜怒哀乐。面对孩子的逃离，妈妈当然本能地想要把孩子抓回来，她们担忧孩子交上坏朋友、养成坏习惯、耽误学习，因此妈妈总是极力阻止孩子正常交友。然而，这却是孩子很难接受的，于是他们开始对妈妈敬而远之，甚至不与妈妈交流。

阻止孩子交友并非明智之法。聪明的妈妈首先应该让孩子信任自己，让自己成为孩子最值得信赖的朋友。这就要求妈妈要懂得倾听孩子的心声，减轻孩子的心理负担，真正帮助孩子解决困惑。其次，妈妈在支持孩子交友的同时，可以提出简单的底线要求，比如品质恶劣的人是不能做朋友的。另外，妈妈还应该注意，5~6 年级的孩子往往会认为友谊就是一切，是永恒不变的，为此妈妈应告诉孩子朋友之间的关系也可能会发生变化，一定要提前给孩子打好预防针，避免孩子在友谊发生变化时无法承担痛苦。

3. 获得帮助的需求

5~6年级是孩子困惑最多的一个阶段，也是孩子最无助的一个阶段。他们要和同学在学习成绩上一争高下，他们期望自己能够漂亮起来，他们不得不接受命运的安排，可是他们究竟怎么做才能让自己的成绩提高，怎么做才能让自己更漂亮一些，怎么做才能掌握自己的命运。如此种种的难题需要解决，但是强烈的自尊心却驱使他们放不下身段去请教、去寻求帮助。

从物质到精神，孩子需要的帮助是方方面面的，但是妈妈常常以自己的意志为中心，认为关心、照顾孩子就是帮助孩子，却不知道过度关心往往会影响孩子行动力的提高，这会让孩子在同学面前显得更加笨拙。还有的妈妈认为批评就是对孩子的帮助，结果激起了孩子强烈的逆反心理，影响了孩子身心健康的发展。妈妈要想帮助孩子需要注意方法和技巧，孩子并不是什么人的帮助都愿意接受，即便是家长也不例外。孩子愿意接受的帮助必须来自他信任的人，而那些能力强的、有才华的人才是他们真正信任的对象。

获得家长的帮助，对于孩子来说应该是最方便、最直接、最安全的方式。但是，孩子的年龄越大，拒绝家长的帮助也越来越多。所以妈妈一定要注意，孩子需要的是平等，而不是居高临下、命令式的帮助，给孩子提供有效、可操作、能够解决问题的帮助是对孩子最好的爱护。

孩子性格不同，教养方法也不同

人的性格是在后天的生活环境、教育和参加社会实践活动的影响下而逐步形成的，它是在个性中起核心作用的心理特点。儿童期、少年期是人的性格迅速形成的时期，性格不同，心理需求也就不同，对应的教育方法也应该有所不同。按照性格标准，孩子主要可以分为四种类型：性格开朗型孩子、性格调皮型孩子、性格沉稳型孩子、性格孤僻型孩子。那么，对于不同类型的孩子，妈妈应该怎样扮演好自己的角色呢？

方法一：性格开朗型的孩子最需要体验成就感

性格开朗型的孩子比较活泼，平时爱说爱笑，这类孩子表现出了天生的领导气质，思维活跃，反应灵敏，也具有极强的自我表现欲。因为性格开朗，交际能力也比较强。这种类型的孩子会选择主动面对压力，当没有挑战时还会感到乏味，但是这种类型的孩子在做事时经常会没有耐心，自我控制能力也比较差，不能善始善终，做事不考虑细节，不善于接受别人的意见，也不太照顾别人的感受。所以对于这一类型的孩子，妈妈应该这样做：

1. 要给他们一定的职责和充分的决定空间

天生的领导型气质，会让他们在人群中闪闪发光，经常让他们做出决定，让他们产生成就感，时刻让他们体验控制、支配的快乐，他们会更好地发挥出自己的能力。

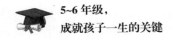
2. 建立规则并且严格执行

这种类型的孩子虽然思维活跃，但是自控能力不好；虽然敢作敢为，但是不善于考虑细节。对于他们来说，适当的严格的教育是必要的，建立一定的规则，让孩子严格照此执行，这对他们的成长是有利的。

3. 妈妈要适当地示弱，对孩子表示出依赖感

这种类型的孩子从骨子里来说是天不怕地不怕的，非常认可自己的强者身份，本能地要保护弱者。因此，妈妈在平时可以适当地对孩子示弱，让孩子体会到一种被依赖的感觉，这样会增强孩子的责任感，让孩子更有动力将事情处理好。

4. 要给孩子一定的情绪空间

这种类型的孩子爽朗、直率，有什么不高兴就会表现出来。因此，一定要给他们情绪空间，允许他们发脾气。当他们发脾气的时候不要着急、焦虑，因为那是他们的需要，是自我发泄情绪的一种方法。

5. 教孩子放慢生活节奏

这种类型的孩子在生活中就像是一阵风，做什么事情都非常快，然而，太讲究速度就容易忽略质量。妈妈应该让他们意识到，把节奏慢下来才有可能思考得更全面、更稳妥。

方法二：性格调皮型的孩子最需要激发好奇心和兴趣

调皮型的孩子性格大大咧咧，平时喜欢打打闹闹，适应能力强。这种类型的孩子的规则意识淡薄，最不喜欢遵守规则，而且这类孩子的生活状态比较随和，也比较容易开心。

对待这一类型的孩子，妈妈应该注意：

1. 要学会发掘他们身上的闪光点

这类孩子是感性的，妈妈要时刻发掘他们身上的闪光点，让他们感受到自己的优点和长处。这种类型的孩子总是很容易开心，妈妈平时多向他们表达自己的爱意，无论是通过言语、眼神，还是拥抱，他都会感到非常开心。

2. 不能要求太严格

这类孩子大多是粗线条的人，如果妈妈对他们要求过高或者是过严，超乎他们的能力之外太多，他们会非常痛苦的。比如，这种类型的孩子可能不喜欢东西过于整齐划一，他们习惯将书桌、房间弄成比较舒服的样子，妈妈这时候如果非让孩子将书桌收拾整齐，将房间弄得一丝不乱，就是为难孩子了。对于这种类型的孩子，要求他们做到正常就可以了。但是不对他们严格要求并不等于不要求，这种类型的孩子玩心比较重，做事的时候也很难坚持，因此要时常提醒他们，对他们进行一定的监督。

3. 需要给他们一定的时间和空间

这种类型的孩子平时喜欢打打闹闹，善于把枯燥的事变成游戏来做，能把复杂的事情简单化、娱乐化。因此，妈妈一定要给孩子安排足够的娱乐时间，让孩子享受生活的快乐。

方法三：性格沉稳型的孩子最需要平淡的重视

沉稳型孩子性格温柔，是属于稍微内向的一个类型，比较听话，做事有条理，非常认真，深受老师和长辈的喜欢。一般情况下，这种类型的孩子的情绪都是比较稳定的，习惯将想法和意见隐藏在心里，他们仿佛是不用家长操心的那一类型，同时这种类型的孩子自尊心很强，很爱面子，因此有时会表现得比较敏感。对待这一类型的孩子，妈妈应该

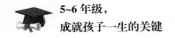

注意：

1. 给他们足够的尊重，一定要照顾他们的自尊心

这种类型的孩子有着很强的自尊心，他们的内心很敏感，即使是大声对他们说话，也会很容易让他们感到对方在批评、指责自己。这种类型的孩子，如果被伤害一次，那么他就有可能会封闭自己的内心，以避免再次受伤。因此在教育他们时，一定要照顾他们的自尊心，当他们做错事时，妈妈的批评不应该太过于激烈，点到即可。其实，这种类型的孩子一般会自省，能够自觉进行改正。

2. 不要给孩子过多的压力

这种类型的孩子本身对自己的要求比较严格，自己施与自己的压力已经很大了，妈妈不应该再给孩子过多的压力。孩子压力过大，就会形成焦虑，妈妈应该给他们适度的自由与鼓励。

3. 要引导孩子表达自己

这种类型的孩子习惯隐藏自己的真实心情和想法，遇到问题的时候，要么闷不吭声，要么自己偷偷哭泣，有心事的时候也不会主动与人交流。尽管妈妈很发愁、担忧，但是不能表现得过于急躁和不耐烦，而是要主动、耐心地关心他们，给他们安全感，鼓励他们表达自己。

方法四：性格孤僻型的孩子最需要的是信任

这种类型的孩子性格是最内向的，孤僻胆小，不爱说话，自我表现欲不强，不会主动融入群体中，不愿意与他人交流。但是这种类型的孩子做事比较稳当，专注力强，做事不易出现差错。对于这种类型的孩子，妈妈要给予他们更多的信任和鼓励，用欣赏的态度多亲近他们，给他们创造与别人交往、在集体场合说话的机会。

学会用积极的引导代替惩罚

在孩子上小学高年级的时候，很多妈妈都会觉得身心俱疲，孩子要么是紧闭嘴唇，不愿意与自己说话，要么就是顶撞自己，什么都与自己对着干。这时候，妈妈难免怒火中烧，批评指责、打骂惩罚就登场了。俗话说：三天不打，上房揭瓦。很多妈妈认为，跟孩子讲不了道理时，唯有惩罚最管用。虽说惩罚在一定程度上能够让孩子长记性，减少重复犯错误的概率，但惩罚仅仅是一种不得已而为之的辅助手段，不能将它作为教育的主要方式。要知道，惩罚有效的同时也是有害的，长期来看它所带来的副作用会远远大于收效。

首先，惩罚会让孩子对身边的人产生不同程度的怨恨。特别是对于5~6 年级的孩子，随着他们自我意识的逐渐强烈，虽然生活中时常会依赖家长，但是作为一个单独的个体，他们并不隶属于家长。如果妈妈总是用惩罚的方法教育孩子，只会对孩子的心理和行为产生不好的影响，让亲子关系变得极度紧张。而且孩子受到严厉的惩罚之后，还可能会产生强烈的失败感，变得非常自卑。

其次，如果孩子经常受到大人的惩罚，他可能会为了报复父母，故伎重演，虽然在表面上看他们完全顺从于大人，但是他们仍然会背着大人继续做坏事，或者当着大人的面做坏事。

如果孩子出现这种心理和行为，说明惩罚在家庭教育中已经不起效果，应该慎用。儿童心理学研究表明，孩子如果认为自己已受惩罚，并通过行为补偿了错误，便不会认真反省错误，下次难免还会再次犯错。

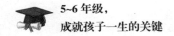
如此一来，惩罚就无效了。教育是为了促使孩子能够自主反省并且在错误中获得经验教训，并使心智获得成长，而非一味地让他付出代价。

那么，当孩子出现一些令自己不满意甚至是错误的行为时，除了惩罚之外，妈妈们还能做些什么呢？首先，妈妈需要保持冷静，思考一下用什么方法才能代替惩罚，从而达到让孩子改正错误的目的才是明智的做法。对于 5~6 年级的孩子来说，他们正处于心理发展敏感的时期，妈妈应该对孩子以引导和鼓励为主，循循善诱，动之以情，晓之以理。用积极的引导代替惩罚是关乎孩子这一阶段心理特征的一种教育方法，这不仅很容易让孩子接受，而且也能让孩子认识到自身努力成长中的作用，从而改正错误。具体来说，积极的引导有以下几种方法。

方法一：以行动取代唠叨

很多 5~6 年级的孩子，对妈妈的唠叨常常感到特别的反感，虽然孩子也知道妈妈是为自己好，但如果妈妈总是没完没了的唠叨，孩子心里难免也会烦躁，甚至跟你顶嘴。

其实，孩子到了小学高年级，已经具备理性思维的能力。此时，他们需要的已不再是父母的大道理。作为妈妈，要学会停止你的抱怨，转而用行动向孩子表明你的态度。所谓行胜于言，往往就是这个道理。

比如，如果妈妈事先跟孩子说好的玩电脑的时限已经到了，但是他还在玩。你不要站在远远的地方，唠叨个不停。而是直接来到孩子的跟前，跟他说时间到了，同时走到他身旁明确要求关机，用你的实际行动取代唠叨。

方法二：主动给孩子一个台阶下

孩子一旦做错什么事，心里或多或少都会有一些自责和后悔。但是对于 5~6 年级的孩子来说，由于他们自我意识的崛起，自尊心非常强烈，总觉得自己已经是大孩子了，所以，凡事特别爱面子，不好意思向妈妈主动承认错误。结果，亲子之间的关系经常处于剑拔弩张的状态。

其实，在某些问题上，孩子行为看似不道德，跟妈妈僵持不下，或是妈妈确实很生气，不能原谅孩子时，不妨换个思路，给孩子一个台阶下，让孩子多一种选择。这样一来，不但矛盾解决了，孩子也能从错误中吸取教训。

有一天，妈妈下班回到家，发现儿子正在卧室里翻箱倒柜。"儿子在偷钱？"妈妈心里咯噔一下。不过，她并没有惊动儿子，而是过了一会儿才敲门。

妈妈走进屋，发现卧室恢复了原样。她又装作什么都没有发生。晚饭后，妈妈关切地问儿子："儿子，最近有没有什么特别需要的东西？"

儿子低头轻声说："前天，我在一家店看中了一块手表，这几天正在打折，后天就是最后一天，可是还差 100 元。"

听到这儿，妈妈心里有数了。她笑着说："或许我可以帮你。你不是打字的速度很快嘛，刚好我的工作需要找人录入。每天你把自己的作业做完以后，就可以帮我录入，我保证后天之前你肯定能挣够 100 元，你说呢？"

"真的？那我做了！"儿子的脸上顿时露出了轻松的笑容。

后来，儿子顺利地买到了那块手表，妈妈看着儿子开心的笑容，也十分满意。最关键的是，从那以后，儿子再也没有出现偷钱的行为。

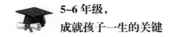

方法三：引导孩子主动地承担错误、弥补过失

人的一生会做很多错事，处于成长阶段的孩子更是如此。但是很多时候，他们会本能地通过撒谎来逃避大人的责罚。这时，妈妈不要一味地指责孩子，而是应该积极地引导孩子勇敢地面对错误，以自己的实际行动来弥补过失。

这样一来，孩子再犯错时，才不会急于推卸责任，而是主动承担责任，并想办法弥补自己的失误。而且这样的孩子长大后，也能直面问题，设身处地地为他人着想，成为有担当且体谅他人的人。

"你能行"——妈妈应该学会鼓励孩子

5~6年级的孩子，在生理上和心理上会遇到很多困惑，这时候的他们虽然表面上看非常倔强和叛逆，但实际上他们比想象中要脆弱得多。他们敏感多疑，容易陷入孤独和自卑的情绪中。因此，这个阶段的孩子最需要的是妈妈的鼓励。

当孩子遇到困难和失败时，妈妈可以鼓励孩子克服困难勇往直前，同样，在孩子获得成功时，妈妈可以鼓励孩子继续努力；当孩子做错事的时候，妈妈可以鼓励孩子改正错误。同样，当孩子表现好的时候，妈妈可以鼓励孩子继续坚持。

这一阶段的孩子有一个共同的心理特征，那就是喜欢被称赞、鼓励、赞许，不喜欢被禁止、阻断或批评。无论什么人，受激励而改过是很容易的，受责骂而改过就不太容易，而孩子尤其喜欢听好话，不喜欢听恶言。给孩子积极的鼓励，保护孩子的自尊心，增强孩子的自信心，可以让他们把事情做得更好。

鼓励并不仅仅是简单的"你做的真好""你太棒了"之类的话语，鼓励也需要恰当的时机和合适的技巧才能达到良好的效果。有的妈妈时常把"你真棒"挂在嘴边，只会让孩子听得麻木；有的妈妈经常不分地点、不分场合地赞扬孩子，也会让孩子感觉不舒服。鼓励孩子要讲究时机，要根据孩子的心理特征，选择和运用最合适的方法和手段，这样才有可能达到最佳效果。具体而言，鼓励孩子的好时机主要包括以下几个方面：

1. 当孩子遇到挫折的时候

在孩子的成长过程中，他们经常会遇到这样或那样的挫折，他们可能会逃避，或消极应付，这时妈妈的科学引导就显得尤为重要。妈妈在孩子遇到挫折的时候，不要立刻插手帮助孩子或是替孩子去做，而是应该客观地分析情况，启发孩子自己想办法，并勇敢地解决它。这不仅有助于培养孩子的自信心，还能给孩子创造一个锻炼自己的机会。

2. 当孩子取得成绩的时候

孩子取得一定成绩的时候，也是他自信心最足的时候，如果妈妈这时能够给予孩子恰当的鼓励，孩子一定会非常开心，并且以后也会越来越努力。但如果妈妈怕孩子骄傲，故意泼冷水说"这有什么了不起的"，就会打击孩子的自信心。生活中，还有些妈妈会给孩子一定的物质鼓励，虽然这样做也可以起到激励的作用，但不能给予孩子持续的动力。有经验的妈妈会采用精神鼓励的方法，比如把这一天记在日志上，使它变得与众不同，孩子就会从中获得最大的鼓励和满足。

3. 当孩子做错事的时候

当孩子不小心犯错时，妈妈可能会下意识地批评孩子、惩罚孩子，但只要妈妈看一眼吓得不知所措的孩子，相信你就会转而鼓励他，告

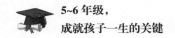
诉他"每个人都会有犯错的时候，但犯错并不可怕，可怕的是没有总结教训。"

4.当有同龄人在场的时候

5~6 年级的孩子已经有了自己的"朋友圈"，如果妈妈能经常当着孩子同学的面鼓励他，孩子就会感觉自己很有面子，时间久了，就会产生强烈的成功感和荣誉感。同时，因为妈妈的那份期待，他也会再接再厉，努力发扬长处，争取更大的进步。

在对孩子进行鼓励的时候，妈妈要注意鼓励的内容，遵循以下的原则：

原则一：关注孩子积极的方面

举例来说，孩子在单元小测验中 20 道题做对了 16 道，善于鼓励孩子的妈妈会说："很不错，有 16 道题全对了，如果把剩下的 4 道题也做对了，就更好了。"不善于鼓励孩子的妈妈很可能会紧紧盯着孩子做错的题，不能容忍孩子犯一点儿错，完全看不到孩子积极的一面。

关注点不同，对孩子产生的影响也就不同。妈妈在鼓励孩子的时候，应该多关注孩子积极的方面，少用否定的方式刺激孩子。即使孩子成绩一般，缺点也很多，妈妈也应该寻找孩子身上的优点，用鼓励孩子的一个"闪光点"来激发出孩子身上所有的闪光点。

原则二：关注孩子的点滴进步

很多妈妈总是非常关注孩子的考试成绩，一旦结果不那么令人满意，她们就会责骂孩子，造成亲子关系的紧张。妈妈这种以结果论英雄的态度，会给孩子这样的印象：如果结果不好，那么一切努力都是白费。这样一来，不但会给孩子造成心理压力，也会让孩子变得畏首畏尾。

孩子能力的提高需要一个过程，而且孩子的成功都是从小的进步一点点积累起来的。因此，妈妈应该多关注孩子的进步，即使是进步一点点也应该对孩子进行鼓励。

比如，妈妈看到别人家的孩子说着一口流利的英语，就希望自己孩子也能达到这样的水平。为此，妈妈特意制定了一个"魔鬼计划"：每天阅读三篇文章，听音频半小时，做课外习题一套，争取半年内能够熟练应用英语。孩子第一天觉得新鲜，坚持了下来，但第二天就有所松懈，妈妈催了半天才开始学习，第三天更是直接抗拒妈妈的逼迫。结果，孩子对英语学习越来越有畏难情绪，失去了对英语的学习兴趣。正确的做法应该是先从简单的学习任务开始，只要孩子有进步，就及时鼓励他，强化他的正确行为，慢慢地孩子的口语水平才会稳步提升。

原则三：重视孩子的独特价值

其实，当一个人的能力被别人重视时，他往往就会做得更好。特别是对于 5~6 年级的孩子来说，他们更渴望得到家长、老师以及社会的肯定认可与尊重。然而，即便是那些在妈妈眼里一无是处的孩子，也有他自己的优势，为此，妈妈应该善于发现孩子身上的闪光点，及时给予孩子恰当的鼓励，这样更能让孩子发挥出自己的潜力。

做权威妈妈，让孩子明白规则的重要性

虽然每个家庭的"斗争"都相差无几，但是每个妈妈都有着属于

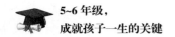
自己的教育方式。一般来说，妈妈的类型不同，教育方式也各异。现
实生活中最为多见的妈妈类型是：放任型妈妈、严厉型妈妈和权威型
妈妈。

放任型妈妈在教育孩子时经常游移不定，她们对孩子没有规则，也没
有限制。她们常常需要请求、哀求孩子，向孩子妥协，这样才能保证双方
的和平，但孩子知道妈妈没有权威，所以他可以轻而易举地打破妈妈制定
的规则。她的放任会放纵孩子的欲望，让孩子学会逃避责任。

严厉型妈妈就像军队里的教官，她们给孩子制定了很多规则，并且
盯着孩子执行。她们过度控制孩子，让孩子必须顺从，"我让你怎么做，
你就怎么做，否则我就要惩罚你。"也许孩子迫于妈妈的威严而不得不
服从，但孩子作为一个独立的个体，没有一点儿自由，也没有得到应有
的尊重。对于严厉型妈妈而言，总是用自己的权威压制孩子，就会造成
亲子关系的紧张，甚至还会让孩子产生一些心理问题。

权威型妈妈也给孩子订立规则，但不像严厉型妈妈利用自己的地位
来控制、强迫孩子，而是在相互尊重的基础上订立规则。权威型妈妈对
孩子的爱是理智的，她用规则维护孩子的尊严，给予孩子尊重，用规则
让孩子学会承担责任，教会孩子如何控制自己的欲望。

在与孩子的关系中，权威型妈妈能够很好地应对孩子的各种挑
战，能够真正促进孩子的健康成长与成熟。妈妈和善而坚定的管教孩
子，不仅可以防止孩子出现不良行为，也可以保护孩子的自尊心。权
威型妈妈应该注意权威与协商相结合，并且还要注意在不同的年龄段，
权威和协商的度也应该有所不同。特别是在孩子 5~6 年级的时候，他
们的自我意识有了比较快的发展，因此这时应该协商多一些、权威少
一些。

妈妈使用权威的两种典型情况是：

1. 当孩子克服坏习惯有困难的时候

王女士的儿子今年上小学 5 年级，因为贪玩总是玩到天黑才回家，最近更是经常玩到忘记回家吃晚饭。于是，王女士和儿子进行了一次谈话，之后达成这样一份协议书：吃不吃晚饭是儿子的权利，由他自己做决定，王女士不会逼迫孩子吃晚饭，一定会尊重他的选择。在晚饭前，王女士只会提醒儿子一次。如果儿子没有回家吃晚饭，就表示他并不饿。其他人吃完晚饭后，不会给儿子留饭。同时，不管是因为什么原因不吃晚饭，晚上不准到冰箱里找吃的或是买零食吃。一开始儿子满不在乎地答应了，晚上放学后就和同学们尽情地玩，在连续挨了几天饿之后，儿子就有些忍受不住了。现在经常是晚饭还没有煮好，儿子就已经坐在餐桌前等着吃饭了。

很多妈妈都认为培养孩子的习惯是最令自己头疼的教育难题，其实不然。不管是起床、穿衣、洗澡、吃饭这些生活方面的事情，还是写作业、听讲、预习复习等学习方面的事情，妈妈都应该让孩子明白，这些事情都是孩子自己的事情，孩子有权决定怎么做，但是孩子也有责任承担自己的选择所带来的自然后果，必须为自己的决定负责。

2. 当孩子缺乏规则意识的时候

当孩子故意破坏规则的时候，妈妈一定要向孩子表明自己坚决的立

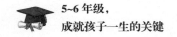

场和鲜明的态度。孩子不会对权威型妈妈的意见不理不睬的。比如，孩子已经连续看了两个小时的动画片，还没有关掉 iPad 的想法，这时妈妈可以对孩子说"把 iPad 关掉，过来吃饭"。妈妈只需要用简洁的语言表明自己的态度，孩子就会感觉到妈妈的权威。而如果妈妈用商量、请求的语气，如"关掉 iPad 行吗"，孩子会觉得妈妈的态度没有那么坚定，他是不会服从的。在教育孩子的过程中，妈妈一定要用尊重又坚定的语气表达自己的想法，这样才能恩威并施，帮助孩子树立良好的规则意识。

5~6 年级，妈妈要学会开好家长会

家长会是每个妈妈都了解和经常接触的活动，学校召开家长会就是为了和家长进行交流，让家长了解孩子在学校的表现，同时也想了解学生在家里面的表现。在家长会上，家长与教师双方会进行一定的沟通和交流，以便更好地、更有针对性地教育孩子。

然而，很多妈妈并没有很重视家长会，她们总是将学校和家庭分开看待，总认为孩子上了学，交给了学校，那么教育孩子的责任自然就落在了学校身上，与自己无关。而有些学校也没有对家长会给予足够的重视，在家长会的准备和召开上都不是那么充分，这就让家长会形同虚设。

其实，家庭教育的一个重要职责就是要积极、密切地配合学校教育，家长应该协助和完善学校教育。有些教育功能在学校并没有在家庭那么明显，尤其是在培养孩子精神品质方面，比如培养孩子孝敬父母、热爱劳动等习惯上，家庭就要比学校的作用更加明显。家长要充分发挥家庭教育的特点，对学校教育不能做的、做不好的地方进行补充教育。那么，

妈妈怎样做才能使家长会发挥出它的作用呢？

方法一：参加家长会前应该有所准备

妈妈在参加家长会前，一定要做好准备，不能敷衍、轻视家长会。妈妈首先要尽可能多地了解孩子本身，以及孩子所在班级的情况。妈妈还应该提前与孩子沟通，了解孩子最近在学校的表现，喜欢哪个老师，和哪个同学是好朋友。

了解这些情况时，妈妈不能用简单问话的形式，年龄大一点儿的孩子是不愿意回答家长的询问的，应该在自然的状态下和孩子进行聊天。家长对情况多了解一些，在家长会上才能进行对比、补充，全面掌握情况。如果妈妈与孩子的交流出现了问题，孩子不愿意与妈妈谈学校的情况，那么妈妈也应该事先准备一些问题，请老师向自己提供更多的情况，以便了解孩子目前的状况。

方法二：参加家长会的时候，认真与老师沟通

妈妈除了要跟主持家长会的班主任进行沟通外，还应该与任课老师进行交流。一般来说，老师会重点找一些家长进行交谈，但是妈妈们应该尽可能主动地去找老师沟通，听取老师的指导性意见，与老师一起分析原因、寻找对策。

方法三：参加完家长会后，妈妈应该冷静地采取教育措施

开完家长会，有的妈妈没有听到老师对自己孩子的批评意见，就认为自己的孩子没有什么大问题，因此回到家后也就没有进行什么反馈活动；有的妈妈因为孩子不争气，老师给了很多批评意见而十分不高兴，

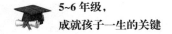

回到家就对孩子进行说教甚至严厉批评。这两种做法都是不正确的。

　　开完家长会后，妈妈应该做一个理智型家长，即使是家长会上得到的全是批评，也不能回家对着孩子发火，应该仔细寻找合适的机会和方法与孩子进行坦诚的交流，理性地评价孩子，给孩子指出应该努力的方向以及具体的行动建议。当孩子有了被信任、被重视、被关爱的感觉，才会更容易改进，往更好的方向发展。

第二部分

5~6 年级，好成绩
决定孩子一生

第四章

指导孩子学会有效学习，提高学习成绩

5~6 年级，是小学教育的重要转折期。在小学低年级，孩子的学习任务还不是很重，学习内容也比较简单，因此孩子在学习上基本不会有太多困难，但是到了小学高年级，孩子在学习上遇到的问题就会越来越多。这时学会学习就成为学业成功的关键，只有有效学习才能取得更好的成绩。

学习需要诱惑，营造良好的家庭氛围

有一对夫妻，他们结婚后又都自学完了大学课程。一个对教育和心理学颇有研究，一个是水利工程的专家。有了孩子以后，他们的学习和研究也没有停止过。他们的儿子从小就受到了这种良好家庭学习氛围的熏陶，自学能力相当强。在儿子很小的时候，他们带儿子去北京游玩。儿子在参观完毛主席纪念堂和历史博物馆之后，特别要求看看北京大学，还在北京大学门前留影，从此这张照片就压在他书桌的玻璃板下面。后来孩子顺利地考上了重点中学，并最终考上了重点大学，毕业后凭借优秀的综合素质在工作中取得了杰出的业绩。

良好的家庭氛围，对孩子有着良好而深远的影响，这个道理中国古代圣贤早有精彩的阐述："近朱者赤，近墨者黑。"可见，要想孩子学习好，家长也要加强自身修养，以身作则。家庭其实就是一所学校，而家长就是孩子的老师，父母的一言一行都会对孩子产生深远的影响。可以说，好的家庭学习氛围，能为孩子的学习提供很大的帮助。俗话说：言传不如身教。试想一下，如果在孩子学习的时候，你总是沉浸在一部又一部的肥皂剧中，又怎能让控制力弱、好奇心强的孩子不动心呢？在这种嘈杂的环境中，孩子又怎么能安心地思考、学习呢？在孩子的成长过程中，家长始终是和孩子一起进步的。那么，为了让孩子的学习更有效果，妈妈应该怎么做呢？

方法一：营造良好的阅读氛围

我们可以想象一下：孩子放学回到家，如果看到妈妈在投入地玩手机，他肯定会情不自禁地也想玩手机；如果看到妈妈在安静地看书、看报纸，他肯定也会受到影响，安静地去读书。

曾听一位妈妈这样讲："我和老公有过这样一个规定：不管工作多忙，每天回到家都要看一个小时的杂志报纸，只为了陪

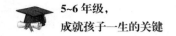
孩子，给他营造出一种读书的氛围。有时我们也会和孩子一起看书，然后彼此交流读书的体会和感想，有时也会鼓励孩子把书中的故事情节讲给我们听。就这样我们坚持了半年，孩子的阅读兴趣提高了，阅读习惯也养成了，对文章的理解也加深了。现在，即使我们不管，孩子也能主动阅读。

孩子一生下来就开始寻找模仿对象，作为与孩子接触最多也最亲近的父母自然成了孩子最早的模仿对象。在家庭生活中，如果父母喜欢读书，孩子也会依样学样，闲暇时经常捧本书来读。为了给孩子创建一个学习型的家庭，妈妈就应该首先创建一个阅读型的家庭，如果父母为孩子营造的是阅读氛围，那么他就可能喜欢上阅读。故事中的父母就成功营造了阅读的氛围，除此之外，妈妈还可以经常带孩子逛书店，让他选择自己喜欢的书籍，让孩子体会到被书的海洋包围的感觉。如果有作家见面会的活动，也千万不要让孩子错过这个可以和作家近距离接触的机会，这样也能大大增强孩子阅读的积极性。

方法二：妈妈要有长远的眼光

学习其实是一个十分广泛的概念，不管是进行研究性学习，还是读课外书的心得体会，都可以称为学习。所以，妈妈应该有长远的眼光，让每个家庭成员都有广泛涉猎的习惯。

一位妈妈曾在博客上这样写道：孩子小的时候，我们就为他准备了丰富的精神食粮，既有他喜欢的童话故事、寓言故事、经典传奇，又有他暂时费解但是朗朗上口的古人遗训，比如

《三字经》《菜根谭》等。后来孩子渐渐长大，闲暇时间，我们还会经常和他一起看中国地图和世界地图，帮他认识地形地貌，理解世界格局，教会他关注世界，而不仅仅局限于自己生活的小空间。我们也非常注意引导孩子关注时事，及时将一些国内或国际的新闻转述给孩子听。随着孩子一天天长大，我们和孩子的交流也越来越多，一起学上网，一起看新闻，一起讨论国家大事。

阅读改变人生，知识改变命运，这是很多父母都知道的道理。很多时候，父母的眼光和格局，往往就是孩子所站的高度。在这样的家庭教育中，孩子收获的不仅仅是知识，还有眼界和心胸。

"学"半功倍——有效学习激发孩子的潜能

小学高年级是小学教育的重要转折期，5~6年级的孩子对学校的教育内容不再像以前那样被动接受，而是喜欢自己去主动思考。他们的求知欲和好奇心都有所增强，对新鲜事物开始有了自己的思考、追求和探索，学习兴趣更为广泛。他们所接触的社会比原来更广，获得的信息也更多，他们关心各种社会现象和各种新闻，但是他们选择和处理信息的能力还不强，也不善于做出正确的判断与辨析。虽然他们有英雄主义情结，但是毅力、意志还尚且不足，因此总是很难坚持下来。他们认可一些日常的行为规范，但总是会表现出不屑的神情。在这一阶段，孩子之间在学习上的差距已经比较明显，相当一部分学生放松了学习甚至有了

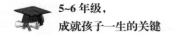

厌学情绪。

这些问题着实让家长十分头疼,有的妈妈责怪孩子学习不努力,对孩子采取高压政策;有的妈妈见孩子的成绩一直无法提高,对孩子产生了放弃心理;有的妈妈一谈到孩子在学习上的表现,比孩子还紧张;有的妈妈为了让孩子专注学习,不让孩子做除了学习以外的其他的事情。

其实,小学高年级的学生想要提高成绩就必须提高学习效率,做到"学"半功倍,轻松提高学习成绩。这样既能减轻孩子的心理压力,让孩子更加自信,也有利于孩子的身体健康。那些整天熬夜,学习成绩还是无法提高的学生,不仅自信心受到严重打击,身体也会受到影响。提高学习效率的重点是要培养和训练学生的思维能力,妈妈需要帮助孩子体验学习及生活中克服困难的快乐。对此,妈妈可以参考下面的方法指导孩子提高学习效率,让孩子进行有效学习:

方法一:重视和选择学习方法

美国哈佛大学心理学院的一项研究表明:学习方法与学业水平具有密切的关系,孩子学习成绩的提高不仅需要学习热情、勤奋、毅力和坚强的意志,更需要有正确的学习方法。正确的学习方法不仅能够提高学习效率,使学习事半功倍,而且还有助于孩子潜能的激发。

学习方法有很多种,妈妈要根据孩子的实际情况进行选择。对于自学能力不强或是自信心不足的孩子,妈妈要指导他们认识到过程比答案更重要,鼓励孩子遇到问题的时候不要急于问别人,而是让孩子养成自己思考的习惯。

对孩子有帮助的学习方法有以下几种：

1. 时常让孩子进行自我检查

自我检查可以让孩子自觉分析在学习中遇到的困难的成因，这样可以加深印象，更好地吸取教训、总结经验。具体操作上，妈妈可以为孩子准备一个纠错本，让孩子加强训练，避免出现同样的错误。

2. 让孩子学会时间管理

小学高年级的学习难度和强度都有所增大，长时间的学习会让孩子产生厌烦情绪，也会降低学习效率。妈妈可以引导孩子将功课分成若干个部分，根据每个部分的难度来安排完成的时间和顺序，这样有助于提高孩子的做题效率，不会产生疲劳感。

3. 学习过程中一定要专心

孩子在学习的时候一定要踏踏实实、专心致志，尤其是在一些需要集中精力才能做好的学科上更应如此。妈妈应首先为孩子创造一个安静的学习环境，保证家庭氛围的和谐、安静。有的家长喜欢在家里招待客人，甚至经常在家里进行打麻将等娱乐活动，这些都会对孩子的学习产生不利影响，此外还要注意电视、电脑、手机等对孩子学习的影响。

当然，学习既要专心，也要学会放松，会放松的人才更容易专心。长时间做同一件事，不免会产生疲惫、厌烦情绪，精神也不容易集中。所以，当孩子感到疲乏的时候，就要适当放松一下，等心思集中了，学习效率才会更高。放松的方式当然也是因人而异，比如有的孩子习惯用听音乐的方式来放松，有的孩子习惯散步，有的孩子习惯闭着眼睛冥想，这样劳逸结合，才能提高孩子学习的效率。

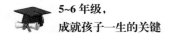
4. 学会正确地记笔记

记笔记是学习过程中必不可少的一个环节，但是这并不是要求孩子在课堂上记下所有的内容，而是要适当做一些简要的笔记。如果课堂上忙于记笔记，听课的效率一定不高，况且很多学生将笔记做得很详细，但实际上没有多少人会认真翻看笔记，这样就白白地浪费了时间。

方法二：培养和固化良好的学习习惯

虽然一定的学习技能和方法可以提高学习的效率和效果，但是要想取得学业的成功，还需要养成良好的学习习惯。良好的学习习惯是孩子在学习过程中形成的一些固定化的行为方式和动作，是影响孩子学业的关键因素，可以让孩子受益终身。所以，妈妈要教孩子学会学习，帮助孩子养成良好的学习习惯。

5~6 年级的孩子正处在学习习惯培养和固化的关键期，妈妈应该格外重视培养孩子优良的学习习惯。例如，帮助孩子养成课前预习、按时完成作业、定期复习、勤学好问、认真观察和勤于思考等好习惯。同时，在培养孩子学习习惯的时候，妈妈们千万不能急于求成，一定要遵循循序渐进的原则，让孩子慢慢进步。当孩子做得比较好的时候，妈妈们应及时对孩子进行表扬、鼓励，使孩子产生积极的情绪体验。

培养孩子受用一生的学习品质

学习是一种复杂的综合性劳动。坚定的学习信念、正确的学习动机、顽强的学习意志等品质的培养是一个人学业成功的重要保证。学习品质可以培养孩子的意志力、抗挫折能力、创造性、适应能力、独立性等优秀品质，还可以激发孩子的学习潜能，充分调动孩子学习的积极性，让孩子从被动学习变为主动学习，从根源上解决孩子的学习问题。良好的学习品质可以增进孩子的学习成就感和自信心，减少学习上的挫败感和自卑感，促进孩子良好人格的形成和发展。那么，在培养孩子学习品质方面，妈妈应该怎么做呢？

方法一：坚定孩子的学习信念

陈景润的一位数学老师曾经在一次数学课上说过这样一句话："自然科学的皇冠是数学，数学的皇冠是数论，哥德巴赫猜想是皇冠上的明珠。"这句话给陈景润留下了深刻的印象，为此他立志要摘下皇冠上那颗耀眼的明珠。最终陈景润对哥德巴赫猜想做出了具有里程碑意义的研究。

坚定的学习信念，可以让学习变得更有目标，在信念的指引下，孩子会更加自觉、更加主动地学习，朝着自己的梦想奋进。那么，妈妈应该怎样帮助孩子坚定自己的学习信念呢？

1. 根据孩子的兴趣和爱好，确立学习目标

兴趣是学习的先导，是需求的动力。只有当奋斗目标是孩子自己选择的、期望的，孩子才会全力以赴。妈妈帮助孩子树立正确的奋斗目标时，态度一定要明确，这样孩子在奋斗的时候，才会更有计划性，才能做好心理上的准备。

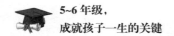
2. 引导孩子将信念与奋斗精神结合起来

有了信念，就必须行动。很多孩子每天都在表决心，要努力学习，要进入班级前几名，可是并没有努力付出，听课时依然吊儿郎当，做作业马马虎虎，考试前漫不经心。这样，孩子即使有再高远、再美好的目标，也只是空谈。妈妈要引导孩子，将信念与奋斗精神结合起来。

方法二：努力激发并维持孩子的学习动力

现如今，很多孩子在 5~6 年级时经常产生厌学情绪，究其原因，往往是因为学习兴趣的丧失。因此，妈妈要努力激发和维持孩子的学习兴趣，让孩子乐于学习，消除学习上的压力，这是培养孩子坚定的学习品质的关键所在。那么，日常生活中妈妈应该对孩子进行哪些引导呢？

1. 帮助孩子树立明确的学习目标

明确的学习目标，是孩子努力的方向，能够时刻提醒孩子，让他们进行自我约束和自我要求。妈妈在帮助孩子确立学习目标时，不能将目标定得太高，也不能定得太低。过高的目标，超越了孩子的能力，会让孩子丧失学习的兴趣和信心；过低的目标，会让孩子觉得不用努力就能达到，从而不屑去做。所以，孩子的学习目标要有一定的挑战性，让孩子觉得付出就有回报。当孩子实现了一些小的目标，尝到成功的甜头后，再逐渐提高目标的高度和难度，促使孩子一步一步朝着成功迈进。

2. 采取多种方式调动孩子的学习兴趣

兴趣是引导和维持注意的一个重要的内部因素，对于孩子学习的重要性是不言而喻的。对于 5~6 年级的孩子来说，自己感兴趣的事物总是能够愉快地探究它，在学习过程中也会更加积极主动，通过努力自然而然会取得傲人的成绩。由此可见，妈妈们要培养孩子的学习兴趣，即应该抓住孩子学习的"命门"，发现孩子的兴趣所在。

3. 时常对孩子进行鼓励、表扬

孩子在 5~6 年级时，虽然表面上会拒人千里之外、不屑别人的赞扬等，但他们的内心是非常渴望得到别人的认可和表扬的。倘若妈妈能够善于发现孩子的进步，时常对孩子进行鼓励，就会激发孩子继续努力的动力。

4. 不断刺激孩子的好奇心和求知欲

妈妈要对孩子的好奇心和求知欲表示理解和支持，并尽可能地参与到他们感兴趣的活动中去。平时，妈妈可以经常带孩子去图书馆、博物馆、动物馆、科技馆、少年宫等地方，这对刺激孩子的好奇心和求知欲很有帮助。

激发动机，提升孩子自主学习的能力

如今，越来越多的妈妈抱怨孩子学习不自觉，让人操心不已。其实，作为一种非常重要的学习能力，孩子的自主学习习惯离不开妈妈的悉心培养。如果孩子十几岁了还没有学会自主学习，妈妈就要好好找一下原因了。

顾名思义，自主学习就是让孩子主动参与学习的方式，是孩子以自我为主体的学习。孩子有学习的欲望，愿意学；孩子有学习的计划，并能对自身的学习做一个合理的定位；孩子知晓自己学习的优劣势，并能

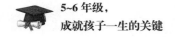
有针对性地去弥补；孩子能够及时调节、修正、控制学习。做到这些，孩子才算达到了自主学习的标准，有了自主学习的能力。

不过，生活中我们总会看到这样一些孩子，他们动不动就喜欢依赖别人，缺乏主动性。例如，孩子是家中的独苗，平日里家人都围着他转，学习上一遇到难题妈妈便上阵解围；孩子从小就被迫参加各种培优班、补习班，妈妈对孩子的期望很高，眼睛总盯在金字塔的塔尖，没完没了地批评和指责孩子，极少给予孩子肯定和鼓励。

正是这些所谓的关爱掐灭了孩子学习的积极性，降低甚至毁掉了孩子自主学习的能力。首先，过度的包办和关爱让孩子身处被动的环境，很难有主动的机会。其次，孩子从小就被剥夺了玩的权利，对学习不但没有兴趣，可能还会痛恨学习，自然在学习上体验不到成就和快乐，在学习上也没有梦想。另外，受"学习至上"思想的影响，妈妈们也往往忽略了去培养孩子的恒心和毅力，导致孩子被动地学习。最后，孩子学习的责任意识被剥夺了，家长过分的"帮助"给了孩子"遇到学习困难找父母"的不良暗示。这样一来，孩子对学习的责任心就会下降，又怎么能自主学习呢？

5~6 年级的孩子正处在可塑性强的阶段，只要妈妈采取切实可行的方法，就可引导他们自主学习。对此，教育专家给出了以下建议：

建议一：减少孩子的抵触情绪

随着年龄的增长，孩子的独立意识越来越强，妈妈更应注意多与孩子进行平等、真诚的交流。在交流的过程中，妈妈应该对孩子的学习生活现状给予充分的认可。当孩子感觉自己的付出得到大人的认可时，对妈妈的抵触情绪自然就会减少。当抵触情绪大大减少时，孩子就能更好地接受妈妈的教育了。

建议二：加强责任感的教育

在一个家庭中，不管是孩子还是大人，都有自己的责任。妈妈应该让孩子明白自己才是学习的主体，学习是自己的事情，学会对自己的学习负责任，不能要求别人承担本该属于自己的责任。当孩子有了高度的学习责任感时，他就会尽己所能地钻研学习这件事了。

建议三：在学习过程中，进行方法指导

一般而言，学习计划最好交由孩子制订，妈妈帮助参谋即可。当孩子能够坚持按照计划行事，并养成习惯后，孩子就打开了自主学习的大门。在这个过程中，妈妈要告诉孩子：学习不是任务，而是锻炼思维的过程，即通过独立思考解决难题。妈妈还可以鼓励孩子大胆尝试用各种方法解决问题，而不是一开始就直接告诉孩子答案。

帮助孩子利用好课堂 45 分钟

听课是学习的中心环节，孩子的学习时间绝大部分都在课堂上，尤其是当学习难度加大时，听课的效率会更加直接地影响孩子的学习效果。对于小学高年级来说，随着课程难度的加大，学习任务的变重，老师的教课速度自然有所提高。就拿英语来说，小学低年级时，一节课 45 分钟可能只讲一个字母，但是小学高年级基本上一节课要讲一篇文章。小学低年级时，孩子即便开小差 10 分钟，也许并没有少听多少知识；

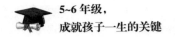
但是到了小学高年级，孩子如果在课上浪费 10 分钟，也许这节课的后半部分就听不懂了。

有上进心的学生会在课下进行积极补救，但是这样做势必要花费大量的时间，耽误其他科目的学习；而没有上进心的学生，会认为浪费 10 分钟顶多就是一个小知识点不明白，并无大碍，所以课下也不主动学习，这样一来，不会的知识点越积越多，最终形成知识盲点，成绩就会受到影响。

不重视听课，不好好利用课堂上的 45 分钟，其实就是在浪费绝大部分的学习时间。但是"认真听课"这句话说起来容易，做起来却非常难。很多孩子都会将"认真听讲"写入自己的学习计划，但是真正能执行的孩子却很少。因此，妈妈要引导孩子在 45 分钟内尽自己最大的努力，用科学的方法认真听讲，最大限度地利用好这段时间，保证自己真正进入听课的状态。为此，妈妈可以从以下几个方面对孩子进行引导：

方法一：提前预习能更好地保证听课质量

5~6 年级随着课程难度的增大，如果老师的讲课速度比较快，或是孩子开一会儿小差，很有可能就跟不上老师讲课的进度了。因此，课前预习是十分必要的，预习之后，孩子能够对课堂上老师所要讲述的内容有所了解，也能自行吸收、消化一部分简单的知识。而在预习的过程中，孩子能够知道课程的重点、难点和疑点，这样当老师讲到重点内容的时候也会更加专注。

为了让孩子能够做好预习工作，妈妈应该对教科书的内容有所把握，时常督促孩子进行预习，从而提高孩子的听课效率。需要注意的是，有的学生可能会因为提前进行了预习，认为自己将大部分知识点都掌握了，所以在听课时反而更不认真。遇到这样的情况，妈妈应该教导孩子，学习要虚心，不能骄傲自满。

方法二：避免孩子把课堂外的情绪带到课堂上

上课铃声一响，虽然学生都安静地坐好了，但是细心的老师还是会发现，很多学生的脸上难掩兴奋或是失落的心情。这些孩子表面上看是在听课，但实际上并没有认真听课，而是将上一个课间休息的情绪带到了课堂上，在这样的状态下，孩子是很难集中精力听课的。

因此，要想保证孩子听课的质量，就不能让孩子把课堂之外的情绪带到课堂上。因此妈妈应教孩子学会如何控制自己的情绪。如果孩子在小学阶段就能够进行情绪调控，那么进入青春期以后，也就不会受到过多情绪的干扰，从而更专注地做好每一件事情。

方法三：带着问题听课，大脑跟着老师"转"

小学高年级阶段，孩子在课堂上遇到不懂的问题是非常普遍的情况，然而很多孩子一遇到问题就急于将它弄懂，结果经常是这个问题还没有弄懂，下个知识点也给耽误了。如果孩子经常出现这种情况，妈妈应该教会他们在遇到不懂的问题时先在书上做记号，记下来，先跟随老师听下面的内容，下课以后再跟老师请教不懂的问题。总之，上课就要紧紧地跟随老师的思路，避免顾此失彼的被动局面。

方法四：根据孩子的实际情况，选择不同的听课方式

1. 紧跟思路法

老师讲课前都会备课，有自己的讲课思路和教学计划，而且班上几十名学生，老师不可能照顾到所有的同学，也不可能让每个同学都弄懂了上一个知识点再去讲解下一个知识点。因此，在课堂上，孩子必须学会适应老师的授课方式，跟紧老师的思路，这样才能抓住一堂课的精华。

一般来说，老师在讲课时，经常会与学生进行互动，要求学生作答，有时也会需要学生自问自答。老师在课堂上所提的问题都是这节课的重点内容，孩子抓住老师提出的问题，进行深入思考，就是抓住了老师的思路。

老师在讲到重点、难点内容时，一般都会在讲解之前提醒学生注意。如果孩子听到老师说"请注意""我再重复一遍""这个问题很重要"等语句时，一定要格外注意，做好标记。

2. 前松后紧法

心理学研究表明，青少年的注意力，一般只能维持 20~25 分钟，超过这个时间，孩子的注意力就很难集中。很多学生也反映，一节课 45 分钟太长了，将近一半的学生认为 30~40 分钟最好。

为了保证孩子听课的质量，妈妈们不妨教孩子采取前松后紧的方法来听课。一般情况下，在 45 分钟的一堂课上，前半节大多是回顾前一堂课的知识点以及引导本节课的内容，后半节往往是课堂教学的重点内容。大部分孩子在刚上课时都需要一段时间修复心情，做好听课准备，这段时间很难集中精力。因此，采取前松后紧的方法，让孩子在后半节课保持注意力，更能保证听课效率。

3. 提问探索法

在同一间教室，用同样的时间听同一个老师讲述同样的内容，有的学生只能被老师牵着鼻子走；有的学生思维活跃，深度思考，不断发问。

45分钟后，前者似梦非梦、似懂非懂、无甚收获，后者拓展思维、发散思想、获益良多。

在老师讲课的过程中，如果孩子善于提问、善于探索，既能让老师答疑解惑，又能在与老师的"辩论"中产生创新的火花。如果孩子总是不敢举手发问，就会使问题越积越多，学习也无法深入下去，自然变得更加被动。

4.掌握"猎枪"法

某著名高校的一位校长这样说过："我们要的是猎枪而不是干粮，只有掌握了'猎枪'，我们才能擒获更多的猎物。"很多孩子在听课的时候往往只注重老师讲授的知识本身，而没有注意老师所使用的方法。可以说，这样的听课是一种低层次的、质量不高的听课方式。

通常老师在讲课的时候，会运用归纳、演绎、分析、综合等各种方法，老师授课的目的并不是为学生提供答案，而是教会学生应该从哪些方面进行分析，进而掌握整个思考解题的过程。这样学生在日后遇到相同、相似甚至是不同的问题时，也能自行解答。

引导孩子正确做笔记

很多优秀的学生在向别人传授经验的时候，都会提到同一项内容——记笔记。小学高年级的孩子每天要接受很多不同学科的知识，而人的记忆是有限的而且也容易遗忘，因此教会孩子用笔记把知识记下来，方便其日后复习和巩固知识。

笔记是一堂课的主要内容，是重点、难点和疑点的荟萃。记笔记是学生掌握课堂知识的重要手段，也是学生课下复习功课的主要资料。另外，记笔记还可以帮助孩子克服"走神儿"的毛病，有利于集中注意力，克服单靠头脑记忆的缺陷，同时还可以锻炼学生自学和总结归纳的能力。

然而，5~6 年级的孩子由于受书写能力、思维所限，还很难做到正确地记笔记：要么是记笔记的速度跟不上老师讲课的速度；要么是字迹非常潦草，下课后连自己都不认识自己的字了；要么是只顾记笔记而没有听到老师在讲什么；要么记笔记没有重点，事无巨细；更有甚者是不记笔记，在课下抄别人的笔记……这样的做法，都不是记笔记的正确方法，相反还会影响孩子听课的效率。

通常记笔记要遵循以下三个原则，才能保证听课的效率：

1. 宁可笔记记不全，也要先听老师讲课。

2. 教材上已经讲述得很详细的内容，或是自己十分熟悉的内容不需要记，记笔记只记重点、难点和自己不会、不熟悉的知识点。

3. 老师的板书或是所列的课程提纲不等于笔记，要重点记下老师的解题思路和解题方法。

除了这三条原则外，记笔记还应该把握一定的时机。课堂 45 分钟，孩子既要认真听讲，又要积极思考，同时还要及时做好笔记，为此一定要合理统筹时间，不要顾此失彼。一般来讲，有三个适合记笔记的时机：

1. 老师在黑板上写字的时候。

2. 老师在讲授重点内容时，一般会重复几遍，要抓住机会记笔记。

3. 课后，对课上笔记进行补记。

除此之外，在有关记笔记的种种问题中，有一个问题还必须格外注意，就是不能抄别人的笔记。有的孩子认为既然老师讲的都是同一个内容，那么既然其他人已经记了，自己就不用再记了，等下课将别的同学的笔记借来抄一下就行。这是一种非常懒惰的表现，也不利于孩子学习成绩的提高。

抄写别人的笔记，唯一的结果就是你的笔记比别人清楚，但是这样的笔记并没有多大用处，因为它的内容也许并不是你需要的内容。因此，妈妈一定要引导孩子记录属于自己的笔记，而不能随意抄写别人的笔记。

下面就提供几种比较科学、实用的记笔记的方法，以便妈妈引导孩子正确地记笔记：

1. 康奈尔笔记法

康奈尔笔记法又被称作两栏笔记法，是康奈尔大学的研究者总结出来的一种记笔记的方法，这种记笔记的方法适合于一切学科的课堂笔记。该笔记主要包括主栏、回忆栏两部分。记笔记时要求把记录纸分为左右两栏，左栏稍窄为回忆栏，右栏相对宽一些为主栏。笔记均记在右栏，主要是要点、论据、细节、实例等。最后，回忆并提炼主旨，用标题、关键词，把简化的笔记写在左栏。日后复习的时候，可以将思考记在栏目下方，以进行总结。

康奈尔笔记法，不仅方便课上记录，而且便于课下整理、复习和记忆。使用这种笔记法的时候，需要注意一些细节问题：选择比较大的纸，记录时可以有足够的空间写例子，以及详细的过程。另外，还可以选择活页纸，方便整理、装订、修改、增删以及随时插入资料等。

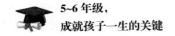
2. 分科记录法

不同的学科，记笔记的方法可以不一样。比如，数学学科的概念、定理非常多，而这些内容在书上基本都有十分详细、完整的叙述和讲解，所以就不用浪费时间再去记笔记了，而是要着重记录老师对概念的解释以及理解上的难点。

语文学科主要记录课文的时代背景、写作特点，课文中某些重点词语的用法以及老师在课上补充的内容；外语学科主要记录词汇以及句式的用法等。总之，课堂笔记主要是记录教材中的重点、难点，老师补充的、反复强调的对问题的分析阐述、归纳总结，以及解题思路和老师的独到见解等。

除此之外，课堂笔记中还应该包括自己不理解的，以及所理解的内容和老师讲解不一致的内容。这样记笔记才能使知识记忆得更加深刻，使笔记发挥出最大的功能。

3. 符号笔记法

记笔记必须注意书写速度，这样才不会影响听课效果。除了加快写字速度以外，孩子还应该学会速记。记笔记时，对于已经出现或是反复出现的名词、概念以及术语，可以用特定的符号来代替，这样可以节省不少时间。比如，用英文中的 what / why / how 来代替是什么 / 为什么 / 怎么办，还可以用一些自己发明的符号进行替代，这些符号也许别人看不懂，但是只要自己明白就可以了。不过需要注意的是，应该尽量使用同一种符号，这样更规范。比如，记笔记时，比较常用的符号包括：eg.（例如）、cf.（比较）、etc.（等等）、∵（因为）、∴（所以）、→（推出）等。

教孩子这样做练习题最有效

《九年义务教育全日制小学数学教学大纲（试用）》明确指出："练习是使学生掌握知识、形成技能、发展智力的重要手段。"复习的目的是"巩固学过的知识，沟通新旧知识之间的联系，对所学内容进行系统整理和小结，并帮助学生弥补知识上的缺陷"。

练习是学习过程中的一个重要的环节，通过练习可以帮助孩子巩固知识，检验学习效果。学生如果在做练习题时比较顺利，那么可以说预习、听讲以及课后复习的效果都是好的；如果练习做得不好，就说明学生对相关知识没有真正掌握。巩固学习知识最好的方法就是练习，即使上课时理解了老师讲的内容，如果不经过反复、长时间的练习，知识点也是无法长时间牢牢掌握的。

在小学低年级教学中，练习在整个教学时间占了很大的比重。但到了小学高年级，让孩子积极主动地练习变得更加重要，善于练习的孩子，其学习就会积极主动，成绩也容易提高。因此，妈妈应好好引导孩子上好练习课，巧练习题。

做练习并不是要搞题海战术，有的孩子做练习完全是在浪费体力，比如语文作业和英语作业通常是将生字或课文抄写几遍甚至是几十遍，数学作业通常是将每一种题型分别做上几十道。这样的练习只会让孩子把练习当成沉重的负担，没有时间去体会知识本身。长期下来，不仅学习效果不明显，还会影响孩子的身体健康。此外，付出的努力与收获不成正比会加深孩子的挫败感和自卑心理，从而感到彷徨和矛盾，认为

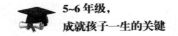

即使自己这么努力了，成绩还是无法提高，对自身能力和自我价值产生怀疑。

因此，让孩子做练习首先是要注重对题目熟练程度的训练，严格控制做题时间，这样才能提高学习效率。妈妈通过对孩子练习时间的控制，可以提高孩子在考试过程中对时间的把握能力；科学运用"做题练习"，做到边做题边总结方法，这样才能起到真正的练习效果。

当然，练习也有许多应该遵循的原则，只有遵循这些原则，练习的质量才能有所提高：

原则一：对于练习题要区别对待

学习效率高的孩子和学习效率低的孩子最大的区别就是学习效率高的孩子善于抓住最重要的信息，然后反复琢磨，对于某些简单的、不重要的知识往往看过一遍能熟练掌握了，就不会再浪费时间钻研这些知识。

不善于学习的孩子往往在练习的过程中手忙脚乱，眉毛胡子一把抓，所有的题全要做一遍，这样就很少有时间对练习进行认真的思考。因此，尽管练习没少做，效果却并不好。

为此，妈妈要引导孩子详加分析练习题，选择具有代表性的，孩子在课上没有掌握的重点、难点进行练习，对于教材上比较简单的练习题可以适当略过。

原则二：做过的练习要进行整理

不善于学习的孩子做完练习就长舒一口气，认为终于把作业做完了，然后将练习扔到一边；善于学习的孩子，会很珍惜自己做过的练习，他们会分门别类地将自己的作业整理成册，并随时翻看，这样学习效果才好。

下面介绍几种具体的方法，妈妈可以引导孩子选用适合自己的方法做练习：

方法一：重视基础，尤其是教材上的练习题

对于成绩比较差的学生来说，在做练习时一定要多做基础题。掌握基础，对于大部分学生来说都是十分重要的。因此，成绩不是很好的孩子，一定要老老实实地做基础练习，而教材上的练习无疑是首选。

教材上的练习题，是经过认真研究总结出来的最具代表性的题目，而且教材上的练习一般与概念、公式以及定律联系紧密。而成绩不好的孩子一般都是对概念、公式、定律等知识掌握得不是很好，因此做教材上的练习有助于他们深入理解和体会这些知识点。同时，教材上的习题，老师都已经讲过，有些还附有详细的解题过程，比较容易做对，这样更有助于增强孩子的信心。

方法二：积极主动地寻求解题思路

很多孩子都有这样的体会，在做练习的时候，一遇到困难，或是感觉不会做就直接跳过去，或是干脆向老师和同学寻求答案，或是直接翻看答案。然而，当他们翻看答案的时候，又会觉得这道题很简单，自己一看就明白了，因此认为自己已经掌握了。可是下次再做时，还是没有思路，又不得不翻看答案，看过一遍之后，发现还是那么简单。反复如此，就依赖上答案了。

之所以会出现这种情况，是因为孩子对这道题的接受是一个被动的过程，在这个过程中他们只是机械地看到了具体的解题过程，而没有进

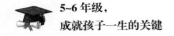

行独立思考，更没有掌握或是形成解题思路。所以，孩子在做练习的时候，妈妈要引导他积极、主动地寻求解题的思路。

方法三：一题多解，寻求多种解题方法

"条条大路通罗马"，做题也是如此，虽然答案只有一个，但是解题方法却有很多。孩子在做练习的过程中，要尽量寻找出不同的解决办法，这样不仅可以牢固地掌握所学的知识，还可以在比较分析中寻找到最佳的解题方法和途径，同时培养发散性思维。

现在很多习题都有很多解法，孩子要善于思考和钻研，通过对各种解法的比较，确定一种最优方案并记下来。经常这样做练习，孩子表面上看和别人一样，只做了一遍习题，但是成绩肯定会有所提高。

方法四：将解题思路完整地写下来

对于小学高年级的孩子来说，如果遇到了比较难的题目，自己一时解题思路又比较混乱，不妨把自己脑子中的思路一步一步写出来，这样一来，原来比较模糊、不清楚的地方就变得清晰了，解题思路也就形成了。

这就像是语文课的写作，写的过程既是联想的过程也是推理的过程。老师在讲解习题的时候，也会从各个角度、不同方面进行讲解，从举例到推理到练习，如果记录下来，就是一篇不错的作文。

引导孩子做学习上的"全能王"

进入小学高年级，随着学习内容的增加，各个学科的特点越发凸显，而不同的学习科目又需要使用不同的学习方法。比如，有的科目重在积累，有的科目需要形成理性思维，有的科目需要深入理解，有的科目则需要全面把握。因此，要"因科制宜"，根据不同科目的特点有针对性地进行学习就显得非常重要。

语文——良好的语文素养使孩子受益一生

很多孩子之所以学不好语文，往往是因为他们对语文认识不清，不知道语文究竟是什么。语言是人类最重要的一种交际工具，也是人类文化的重要组成部分，是人类文明的具体体现。学习语言，远远不是将它

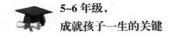
只当成一种学习工具，而是应该更为广泛地吸收人类的文化，为自己的终身发展打下基础。

然而，大部分孩子和家长却没有认识到这一点，只是把语文当成一门考试科目来看，以提高学习成绩为出发点。学习语文时，不仅死板，也比较吃力，这就导致很多孩子对语文失去信心，还有的孩子认为语文比较单调，而且用处也不大，随便学学就好了，由此忽视语文的学习，造成偏科。其实，语文与每个人的语言都紧密相关，需要孩子从小就认真学习，打下好的基础。可以说，语文学科就是一门基础学科，语文学好了，有助于其他学科的学习。

对于 5~6 年级的孩子来说，语文的学习既要提高成绩，又要提升语文素养。认识到这一点，学习语文时才有了明确的目标，才能找到正确的学习方法，真正提高语文成绩。因此，妈妈要想引导孩子学好语文，就要培养孩子对语文的感觉，不妨从以下几方面入手：

方法一：保持对语文的兴趣

语文学习是一个逐渐积累的过程，很难在短时间内看到成效，所以比较容易让孩子缺乏成就感，从而对语文学习失去耐心和兴趣。况且，小学高年级较低年级时的交往范围和兴趣爱好都趋于广泛，能够引起孩子兴趣的事情也越来越多，而语文学习材料的吸引力降低以及难度增大，孩子们自然很容易就会转移兴趣和注意力。

在小学 5~6 年级，对于语文学科的学习，妈妈首先要做的就是帮助孩子继续保持学习语文的兴趣。妈妈应告诉孩子语文学习的重要意义，语文是其他各科的语言工具，是提高思维水平的必要基础。比如，语文的理解能力高，对其他科目的学习会大有帮助，尤其是在理科的读题、审题等方面。另外，从陶冶性情的角度来讲，出口成章、文化底蕴高的人本身就具有一种气质，这样的人自然也会得到别人的尊重与敬仰。

其次，妈妈要帮助孩子发展全面的语文学习能力。这样做，可以增强孩子的自信心，让孩子积极主动地学习语文，保持语文学习的兴趣。妈妈还可以根据孩子的特点，选择孩子比较擅长或是感兴趣的部分进行引导，这样效果会更明显。比如，如果孩子的普通话标准，音质比较出色，可以帮助孩子提高朗读能力，锻炼他的演讲水平；如果孩子的词汇丰富，语感很强，可以锻炼他的写作水平，为孩子多准备一些课外书籍，提升阅读能力。

方法二：语文学习，最重要的就是积累

语文学习是一个长期积累的过程，需要不间断地、长期反复地进行学习，因此平时一定要多看、多记。观察和积累是培养语文语感最基础的一步。多看是指既要多看书本又要多观察生活，多记是指多记忆中外名篇、文学常识、典故、成语等知识。语文的学习是十分重视体验的，这就需要孩子进行丰富的联想和想象，感受作者当时的心境。这样不仅有助于加深对作品的理解，同时也能激起思想的火花，产生灵感。

为了提高语文成绩，妈妈还可以为孩子准备一些与语文相关的期刊。需要注意的是，虽然是为了提高孩子的语文学习成绩，但是不应该把看书、读报视为学习任务。这样长期积累下来，厚积薄发，孩子的语文学习成绩和语文素养就会慢慢提高。

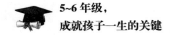
方法三：树立"大语文"的课堂观念

语文相较于其他学科，课堂概念广泛，可以说，生活中处处皆有语文，因此，语文学习必须树立"大语文"的课堂观念。语文这门学科是一门实践性很强的学科，它广泛存在于我们的生活中，几乎无时不有、无处不在。比如，大街上的一幅广告，每个人平常打电话、发信息等日常活动无处不用到语文。所以，学习语文不应该局限于课本、课堂，丰富多彩的生活就是语文学习的"大课堂"。

在思想品德课上学到的道德品质，在政治课上学到的正确的人生价值观，在历史课上对历史人物和历史事件的理解，在地理课上学到的各地民俗风情，都与语文有着密切的关系。因此，在平时的学习中，妈妈要帮助孩子有意识地融会贯通，其他任何学科的知识都可以作为语文素养的辅助知识，而语文知识作为工具也可以促进其他学科的学习。

方法四：重视阅读和写作

阅读是语文学习的核心内容，也是语文学习的重要途径。对于5~6年级的孩子来说，阅读能力更是非常重要的一项学习能力。对于这个年龄段的孩子来说，在阅读方面主要有以下要求：

1.能够有表情地、流利地朗读文章。

2.学习时，能够快速地浏览和略读文章，抓住文章的主题，理解作者的语气，根据上下文理解文章中某个句子的意义。

3.对优美隽永的诗词能够熟读甚至背诵。

4.在阅读的过程中，一定要思考，尽可能地发现问题、提出问题。

5.阅读之后，能够做好读书笔记。

小学高年级孩子阅读能力的培养是家庭教育的重要任务，妈妈可以用孩子的课文，也可以用其他的阅读材料，引导孩子学习和掌握科学的阅读方法。小学高年级孩子比较普遍和实用的阅读方法是"SQ3R"五步读书法。具体步骤是：

概览（Survey）——先对文章进行快速的预习或是浏览，尽量把握阅读材料的大意。

问题（Question）——在浏览文章的同时，确定那些值得进一步仔细阅读的部分，并且提出一些问题。

阅读（Read）——仔细阅读全文。

复述（Recite）——当你读完材料时，尽量复述其主要论点。

复习（Review）——通过复习全文来检查你对该文的掌握程度。

这样循序渐进，提高语文阅读能力。

除此之外，写作也是语文学习的重点，5~6年级的作文主要是进行纪实性写作，只要能够自由地写出自己的见闻和想象，在内容上做到丰富就可以了，对形式的要求比较少。这一时期，关键是帮助孩子形成写作的兴趣，让孩子了解写作的重要性以及学会积累。而写作的积累关键就是多听、多看、多写、多想、多改。妈妈在帮助孩子提高写作能力的时候，一定要重视孩子写作知识的积累过程，这样孩子才能厚积薄发，逐渐达到"下笔如有神"的地步。

数学——培养孩子分析、综合和简单推理的能力

很多孩子在3~4年级的时候，数学成绩还很不错，可是到了5~6年

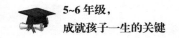
级，成绩一下子就降下来了。很多妈妈对这种情况并不理解，认为孩子是因为贪玩耽误了学习，责怪孩子不用功。可是孩子却觉得十分委屈，认为自己已经尽力学了，但成绩仍然不见提高。其实，孩子在小学高年级出现数学成绩下降的现象是很正常的。这是因为进入小学高年级后，学习的内容更为抽象，难度逐渐加大，学习的进度也加快了，因此很多孩子开始不适应，学习成绩自然就下降了。

孩子进入小学高年级以后，在其所学的数学知识中抽象性知识越来越多，比如数的整除、比与比例、列方程解应用题，这些内容都是比较抽象的知识，不容易弄懂。而孩子在每堂课上接收的信息量也非常多，再加上教学任务的加重，老师一般在课上只讲一遍，孩子如果稍稍走神儿，很可能就跟不上进度，自然就会影响到后面的学习。

另外，数学是依据一整套概念、基本公式来运转的，这些数学语言是数学学习的重点。但是数学概念并不像文科概念那样，背下来就会做题，数学概念是需要理解的，然后再经过大量的习题演练才能真正掌握这些基本概念。虽然数学题变化无穷，但是万变不离其宗，只有把握住数学基础才可以以不变应万变。因此，数学的基础必须打好，这样才能学好数学。

想打好数学基础，就必须重视数学教材，从理解概念开始，一定要将所有的概念理解透彻。很多时候，孩子对解题没有思路，往往是因为在最初概念的理解上出现了偏差，结果不仅耽误了很多时间，而且影响了孩子做题的思路和心情，本来很简单的题最后也没有做对。

为了打好数学基础，理解数学概念，就必须牢牢抓住例题不放。这里所说的例题是指能够说明某一定理或是定义，可以用作例子的问题，包括教材上的例子、考试中的错题，以及练习材料中的典型试题。正是由于例题所独有的典型的说明作用，所以在数学学习中，必须善用例题、做到举一反三，这样才能让其他难题迎刃而解。

小学高年级数学除了要打好基础外，还要注重培养孩子分析、综合和简单推理的能力。也就是说，妈妈要引导孩子形成数学思维，这样孩子才能更加准确地理解数学，更加快速地解答数学题目。为此，妈妈可以参考以下几个方面：

方法一：学好数学一定要重视审题

审题是获取信息、处理信息的一种能力，它不仅需要以一定的知识储备、认知水平为依托，还需要有良好的读题习惯、有效的思考方法为保证。应用题是小学阶段非常重要的一种题目类型，而应用题的审题更是尤为重要，很多孩子就经常因为审题不清而做不对。审题就是要审清题目的情节内容和数量关系，使题目的条件、问题及其关系在学生头脑中建立起完整的印象，为正确分析数量关系、解答应用题创造良好的前提条件。

小学生在审题过程中经常出现的问题是审题习惯不好，比如审题马虎、审题能力差、审题时看不出语句或是数量之间深层的关系。培养孩子认真审题的习惯，并形成较高的审题能力并不是一件简单的事情，必须进行长时间的强化训练。在平时，应该让孩子养成审题审三遍的习惯。第一遍，建立表象；第二遍，明确问题；第三遍，找出关键联系。妈妈可以让孩子多做一些审题练习，或是为孩子出题，设置一些审题陷阱，让孩子找到题目的关键点。这样做，不仅可以让孩子从思想上重视审题，也可以提高孩子的审题能力。

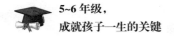
方法二：引导孩子概括、领悟常见的数学思想

小学高年级的孩子的抽象思维能力有了一定的发展，他们开始形成一定的数学思想，会简单总结一些规律，或是在遇到同一类型的题目时会想到使用同一种方法。妈妈可以让孩子逐渐认识到自己的这种能力，并在平时的学习中有意识地概括、总结这种数学思想。比如，数学科目中重要的行程问题，如果孩子掌握了数形结合的思想方法，解题的时候就会得心应手。

方法三：重视解题策略的回顾和反思，时常进行总结整理

小学高年级的学生有一定的归纳、概括和策略反思的能力。大多数数学练习都是万变不离其宗。每遇到一道题，孩子必须学会分析，找出其中的"宗"，这个"宗"既与数学基础知识有关，也与解题后对题目的回顾与探讨、分析与研究有关。对题目的回顾和反思是数学学习过程中的一个重要环节，也是数学解决问题过程中的最后一个阶段，对提高学生分析和解决问题的能力都有着非常重要的意义。

数学学科具有严密的逻辑性，各个部分的知识都是相关的。比如，在学习图形的时候，从点到线到角到面再到具体的图形，从长方形到正方形到菱形到平行四边形再到梯形，这本身就是一个系统。妈妈要辅导孩子进行归纳比较，总结整理。定期整理可以温故知新，将旧的知识系统化，也有助于孩子更好地理解新知识。把种种表面上不相关的知识形成一个相互关联的网络系统，可以使众多知识相互贯通，最后达到触类旁通的程度。

方法四：正确对待奥数学习

奥数属于特长教育范围，奥数对于激发孩子学习数学的兴趣和积极性、提高学习质量、拓展孩子的视野有着重要的作用。经常接触奥数题的学生，数学思维比较发达，而且其他科目的学习也很优秀。

因为奥数与学习关系密切，很多家长都会为孩子报奥数班。现在社会上的奥数班十分火爆，甚至成为一种典型的社会现象。但是，如果家长总是强迫孩子学习奥数，势必会让孩子反感，生活中也确实存在许多失败的案例和教训。有专家认为，只有5%的智力超常的儿童适合学习奥数，而最终在奥数上有所建树的人更是凤毛麟角。因此，强迫数理逻辑智能不强的孩子学习奥数，只会破坏孩子正常的思维，反复的失败还会伤害他们的自尊心，继而产生自卑心理，引发许多心理问题。

妈妈要明白，奥数并不适合所有的孩子学习，要根据孩子的实际情况和孩子的意愿再决定学不学奥数。只有那些对奥数真正感兴趣，在课堂上学有余力的孩子才适合学奥数，这样才能真正激发孩子的学习兴趣，培养良好的思维学习习惯。

英语——听、说、读、写，一样都不能少

德国著名"神童"小卡尔·威特从6岁开始学习法语，到9岁的时候就已经掌握了6门外语。可以说，老卡尔对小卡尔的语言教育是非常成功的，这得益于他让小卡尔始终保持学习外语的兴趣，在学习过程中坚持听、说、读、写相结合的方法。

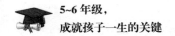
老卡尔成功教育小卡尔的方法，为我们引导孩子进行英语学习提供了积极的参考。

现如今，很多家长也像老卡尔一样对孩子学习英语这件事倾注了极大的热情和精力，甚至不惜花费很多的财力和时间，但是效果却并不理想。这是因为家长在教育方法上存在着很多问题，其中最普遍的就是强迫孩子学习英语。很多家长都有望子成龙、望女成凤的心愿，总是强迫孩子学习英语，要求孩子必须学好英语，这就给孩子造成了很大的压力。有的家长为了提高孩子学习英语的兴趣，给孩子买了很多英语资料，并且经常变换学习教材和学习方式，这其实并不利于孩子的连续性学习。

根据我国英语教育情况，小学阶段的英语学习内容相对比较简单，主要以培养孩子的听、说能力为主，注重孩子感受方面的积累，当然也会学习一些简单的句子或是了解少量的语法知识。因此，小学高年级的英语学习应该以夯实英语基础知识、培养英语学习习惯为目标。

良好的英语学习习惯的培养对于英语水平的提高和英语成绩的提高都有着重要的意义，同时这种习惯对于以后初中、高中乃至大学的英语学习也有着重要意义。良好的英语学习习惯会让孩子保持学习英语的兴趣，将英语学习引向正确的方向，不至于形成"哑巴英语""聋子英语"，英文书写不规范、拼写错误、语法概念模糊、用汉语方式代替英语等问题。

培养孩子良好的英语学习习惯应该包括四个方面，即听、说、读、写一样都不能少：

方法一：培养良好的"听"的习惯

任何一种语言的学习都应该从"听"开始，"听"是"说"的前提，只有听得清、听得懂，才能说得准、说得好。妈妈平时可以为孩子准备一些优秀的适合孩子的听力材料，还可以引导孩子观看适合练习听力的电视英语教学节目，当然，前提要从孩子的兴趣和意愿出发，选择孩子感兴趣的节目。比如，有的孩子关注新闻，那么英语新闻节目就是不错的选择；有的孩子注重趣味性，那么趣味教学类节目就是不错的选择；有的孩子喜欢综合性节目，那就可以选择英语类的综合性节目。

方法二：培养良好的"说"的习惯

"说"是语言学习中最重要的一个环节，如果缺乏语言交流的环境，就会让英语学习脱离了语言最本质的东西。很多孩子不重视"说"，不敢开口"说"，最终学成"哑巴英语"，这是一个不容忽视的现象。

儿童的可塑性很强，对语言的接受能力很强，在英语学习的过程中语言习惯和能力自然也非常容易形成。为此，妈妈应该抓住一切时机，调动各方面的积极因素，鼓励孩子大胆地说出来。如果妈妈自身具有一定的英语知识或是英语比较出色，平时也可以多与孩子使用英语进行交流。这样做，对保持孩子学习英语的兴趣，提高孩子的英语水平有很大帮助。

方法三：培养良好的"读"的习惯

英语朗读是小学生学习英语的主要内容之一，朗读英语时一定要注意语音。为此，孩子应该具备一定的音标等语音知识，保证自己的音色与标准音接近。妈妈平时还需要督促孩子进行朗读训练，朗读时让孩子做到眼到、口到、心到，长期坚持下来，必定会有成效。另外，妈妈还可以为孩子选择一些简单有趣的英语读物，如儿童英语刊物、儿童英汉对照读物、背诵简单的短文等，这样的读物可以让孩子更有新鲜感，避免因为对课本过于熟悉而敷衍朗读。

方法四：培养良好的"写"的习惯

良好的"写"的习惯不仅包括书写上的习惯，还包括写作上的习惯。在书写上，要字迹清楚、书写工整。英语写作在小学阶段虽然并不是重点，但是也应该让孩子形成一定的写作意识，语言表达上要精练，抓住重点，可以尝试随想、随记等，让孩子养成良好的写作习惯。

历史——历史知识带给人生大影响

历史知识在日常生活、人际交往中有着重要的作用，具有一定文史知识的人一般个人素质较高，具有很大的魅力，在日常生活中自然受到欢迎。除此之外，在读史的过程中，会给人带来很多人生感悟，正所谓"以史为镜，可以知兴替"，学习历史可以让我们了解许多社会规律，各种历史经验教训也会让我们受益匪浅。

其实，在小学阶段，课程标准上并没有明确规定学校一定要开设历史课，而是规定在社会课中加入历史知识，主要学习内容是中国历史。但是，各个学校会根据具体情况开设历史课。小学历史课程主要是对小学生传授历史知识，进行爱国主义教育和革命传统教育，让学生从少年时代开始了解祖国辉煌灿烂的过去，略知历史上各个社会发展阶段的一些简单情况，了解历代一些重大事件和人物，从而为认识人类社会的发展打下基础。小学历史知识的涉猎和学习对于孩子日后历史知识的学习、兴趣爱好的培养，以及日后的人生发展有着很大的影响。

小学历史是对孩子进行系统历史教育的起点，属于整个历史教育中的启蒙教育阶段。小学历史学习主要有三项任务，一是了解历史知识，二是培养和发展学生智能，三是让孩子在学习过程中得到思想政治教育。妈妈引导小学高年级孩子学习历史时，一定要根据孩子此阶段的特点和这门学科的特点，以及教学要求进行指导。

方法一：营造学习历史的氛围，让孩子自主学习历史

在小学阶段，历史知识应该被看成是一种课外知识的补充，采用自学的方式会更有效。自学主要是通过观看展览，考察名胜古迹、历史文物，以及阅读书籍、报纸、杂志等获取历史知识。妈妈应该注意为孩子营造学习历史的家庭氛围，保持孩子学习历史的兴趣。比如，妈妈可以为孩子准备一些适合他们阅读的历史书籍，或是与孩子一起进行探讨研究，这样可以帮助他们更好地理解历史知识。同时，妈妈还可以为孩子办理图书馆借书卡。图书馆的书籍种类多，资料全面，是孩子学习知识、增长见识的好地方。

另外，小学阶段对历史的学习应该是粗略学习，不必精细研究。妈妈在指导孩子学习的时候，不必像其他学科那样监督孩子，甚至逼迫孩子，而是应该给孩子充分的自由，让孩子以轻松的心态去学习。

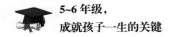
方法二：注重历史学习的方法

很多孩子对历史有这样的感觉：本身很喜欢历史，但是又害怕考历史。因为历史内容多，年代、地点、人物总是混来混去，考试时负担很重，还有很多孩子当时把历史知识记下来了，但没过多久又会忘记。因此，小学历史教材的编写经常会选取某一历史时期的一两件重要历史事件或历史人物来勾画和反映一个历史时期的概貌，这样有利于孩子接受历史知识。那么，妈妈在引导孩子学习历史时应该注意哪些学习方法呢？

首先，注重故事性，给孩子介绍历史知识时应该一点点地进行启发。调查显示，青少年喜欢的书籍往往都是一些少年版的历史书籍，比如少年版的四大名著。历史教材枯燥无趣，故事性书籍浅显易懂，并且具有趣味性，孩子比较感兴趣，接受起来也比较容易。

其次，小学阶段的历史学习除了要让孩子掌握一定的历史知识外，还需要对孩子进行各种情感尤其是爱国主义情感教育。妈妈平时应该一点点地启发孩子，最主要的方式是用情感深深感染孩子，经常与孩子进行情感交流，以情育情、以情启智激起孩子感情上的共鸣。比如，在讲解"长城"时一定要让孩子产生民族自豪感，让孩子认识到古代人民的劳动智慧，同时也应该让孩子了解建设长城的历史背景，对当时统治者的横征暴敛产生一定认识，同情当时的劳动人民，这样用鲜明的形象、逼真的情境唤起孩子相应的情感。

科学——扩展视野，活跃思维

在大人眼中看似非常平凡普通的生活现象，在孩子眼中却是一件十分神奇的事情。而在这些现象中，往往蕴含着很多科学道理。这个年龄段的孩子对科学现象总是十分好奇，生活中有的老人会拿放大镜看报纸，孩子们也会拿起放大镜看各种东西；从大人的谈话中，他们会对壁虎产生兴趣，费劲捉到壁虎截断它的尾巴看它逃走；他们会对磁铁产生浓厚的兴趣；他们想不通为什么妈妈的剪刀被雨淋了之后会长出红红的一层"外衣"。

自然课是小学阶段的一门基础课程，是少年儿童了解自然现象、探索自然科学规律的启蒙学科，也是中学地理、化学、生物的基础。因此在小学阶段孩子对自然课学习的好坏，在一定程度上影响着孩子今后的学习和生活。

小学阶段的自然科学课程以培养孩子的科学素质为宗旨，促使孩子形成一定的科学观念，了解某些科学过程与方法，加强科学情感、态度、价值观的培养。小学阶段的孩子对生活中的各种现象，比如物理现象、化学现象、天文现象等都怀有浓厚的兴趣，自然界中的各种动植物也都能引起他们的兴趣。而小学高年级的孩子，好奇心重，接受能力和思考能力也有了一定的发展，如果大人能在自然科学方面对孩子进行正确的教育、合理的引导，不仅会让孩子对科学产生浓厚的兴趣，而且还能拓展孩子的视野，活跃孩子的思维，这对于提高孩子的创新能力和创新思维都有很大的帮助，孩子在科学研究方面的潜能也可能被开发出来。

当孩子对自然科学产生了浓厚的兴趣时，妈妈应该引导孩子进行一些简单的科学探索。兴趣是孩子认识知识的动力，也是孩子学习知识、运用知识的动力。任何一门学科都必须重视孩子学习兴趣的培养，只有孩子对学习产生了兴趣，才会愉快地、积极主动地去学习，提高学习质量。自然科学有其深刻、严肃的一面，虽然科学现象本身比较有趣，但

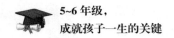
是真正学习起来还是有一定的难度，很容易让人丧失信心和兴趣。因此，妈妈一定要注意保持孩子对自然科学的兴趣。

遗憾的是，很多妈妈在这方面做得并不够好，不仅仅是因为妈妈欠缺这方面知识的，而是妈妈对孩子的态度也会影响孩子的兴趣。比如，很多妈妈经常会说"这有什么好问的，本来就是这样的"，也有一些妈妈要么对孩子说"自己去查《十万个为什么》"，要么借口自己很忙，等有时间了再给孩子解答。这样的行为和态度只会深深地伤害孩子的探究兴趣，妈妈一定要明白，要想使孩子对某件事情充满兴趣，那么自己首先应该对它充满兴趣。其次，妈妈还要及时发现孩子的兴趣所在，认真对待孩子在这方面的提问。在培养、维持孩子对自然科学的兴趣方面，妈妈可以参考以下几种做法：

方法一：经常让孩子接触大自然

自然是一个活生生的科学博物馆，妈妈可以经常带孩子郊游，观察自然界中的动植物，或是去动物园、水产馆、植物园等地方参观，跟孩子讨论所看到的东西。

方法二：为孩子购买一些科普知识书籍

妈妈可以帮助孩子选择一些合适的科学书籍，使孩子对科学产生兴趣。适合 5~6 年级孩子的科普书籍有儿童配图版的《十万个为什么》《植物探索》《法布尔昆虫记》，等等。另外，还可以让孩子多听电台或是多看电视节目中的科学讲座。

方法三：为孩子提供简单实验和研究所需的设备以及帮助

妈妈可以帮助孩子准备一些常用的科学实验和研究所用的工具、器皿以及药品，也可以为孩子准备一些专门讲述科学原理的书籍，让孩子按照正确的步骤进行实验。但要切记，由于有的实验可能存在着某些安全隐患，孩子做实验时一定要有大人在旁边监护。

方法四：平时多与孩子进行交流

妈妈平时要多关心孩子在科学课上的学习情况，与孩子一起讨论书上的内容。在这样的交流中，妈妈既掌握了孩子在学校的学习情况，也分享了孩子在自然科学方面的快乐，以此激发孩子继续钻研。一般来说，科学研究需要多次、反复的实验以及长期的观察，为此妈妈还应该多与孩子一起参与科学实验，鼓励孩子继续坚持下去。比如，在学习天象的时候，妈妈可以与孩子一起观察天象，认识星座；又如在学习《植物的花和果实》的时候，可以与孩子一起栽种几盆花草，并记录下花草生长的时间。这样一来，就可以营造出良好的科学研究氛围。

第六章

5~6年级，帮孩子解决学习上的难题

> 5~6年级的孩子，经常会对自己产生怀疑——我是个笨孩子吗？
>
> 5~6年级的孩子，一想到考试，心就不由得紧张起来；
>
> 5~6年级的孩子，不知如何处理特长与学习之间的矛盾；
>
> 5~6年级的孩子，拿着弱势学科的课本，神情难掩落寞……
>
> 分数、偏科、特长、考试焦虑等难题都是5~6年级的孩子需要面对的。了解这些难题，解决这些难题，才能扫清学习中的"绊脚石"。

问题一：我到底在为谁读书

进入5~6年级后，孩子的独立意识显著增强，开始思考一些较为深刻的问题。对于学习，他们会思考"我在为谁读书"，这确实是一个值得认真思考的问题。因为孩子抱着不同的目的学习，他的精神状态就会不一样，今后他选择的道路也会不一样。如果孩子在青春期不明白读书的目的，不知道读书是为了谁，他就很难给自己一个正确的人生定位。

那么，孩子到底是在为谁读书呢？作为父母，不妨跟孩子认真地聊一聊这个话题。

1. 为父母读书

某校六年级的班会上，班主任在给学生们做小升初的考试动员大会时，提出了这样一个问题："为什么你们要读书？你们是在为谁读书？"原本这是一个简单的问题，但得到的回答却让老师有些始料不及。

"我是为爸爸妈妈读书！""我是为爷爷奶奶读书！"这类答案占据了相当大的比例。这类答案可以归为"为别人读书"，主要是为父母读书。这一现象的背后反映出的问题不禁让人深思，究竟是孩子出了问题，还是家庭教育出了问题？

望子成龙、望女成凤是父母的普遍心理，为了让孩子将来有出息，父母从小就帮孩子规划，上哪个学校，报什么兴趣班，买什么课外书，甚至几点做作业，几点睡觉，这些小事父母都要来管。久而久之，孩子就会产生一种错觉：我是在为父母读书，要不然父母什么都替我做主？

当孩子觉得是在为父母读书时，他就很容易丧失学习动力。特别是当父母批评孩子、否定孩子的时候，孩子会产生强烈的逆反情绪，然后可能产生"我不为你读书""我凭什么为你读书"的心理。这样学习的动力就会大打折扣。

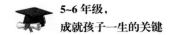
所以，建议父母：对于孩子学习方面的事情，多提建议，少替孩子做主。在日常生活中，多提醒孩子：你不是在为父母读书，你将来要走什么路，是由你自己做主的。把自由选择权交给孩子，等于把学习的主动权交给了孩子。

2. 为老师读书

不知道你在上学的时候，是否听到老师说过类似的话："叫你们做作业，你们不好好做；叫你们认真复习，你们不好好复习，你们以为是在给老师读书吗？"老师说的一点也没错，他们之所以认真负责地管教我们，并不是因为我们在为他读书，而是受到了一种高尚的职业道德的驱使，他们并没有其他所图。

表面上看，老师教育孩子，付出了辛勤的汗水，孩子为了报答老师，应该好好读书，不让老师操心。但实际上，老师对孩子有什么期待呢？不过是希望孩子将来能够成为栋梁之才。但是任何一位老师都不会告诉孩子，读书是为了老师。当然，学生成才之后，铭记师恩，这是另外一回事。

所以，认为是在为老师读书，这种想法是可笑的。建议父母及时纠正孩子"我是为老师读书"的错误想法，告诉孩子：你是否好好读书，与老师其实并没有直接的关系。老师关心学生，是因为他们有崇高的职业道德，真正爱学生，仅此而已。

3. 为国家读书

有一篇文章叫《为中华之崛起而读书》，讲的是敬爱的周总理少年时的一则感人故事：

周恩来11岁的时候，有一次在课堂上，老师问大家："你为什么读书呀？"有些同学说读书是为了光宗耀祖，有些同学说读书是为了明礼，而周恩来的回答是："为中华之崛起而读书！"这一回答让老师大为吃惊，称赞他有志气、有理想、有抱负。这充分表达了周恩来年少时为国家富强而发奋读书的远大志向。

范仲淹曾说："先天下之忧而忧，后天下之乐而乐。"这句话不知感动了多少仁人志士。为国家富强而发愤图强是对的，但具体到读书这件事上，首先还是为了自己。正所谓"一屋不扫，何以扫天下。"如果孩子读书不是优先为了自己，又谈何为国家呢？

所以，建议父母告诉孩子：想实现报效祖国的愿望，首先要好好学习。只有今天好好学习，明天才有机会为他人服务，为祖国服务。当你实现了个人理想时，你也就能够报效祖国了。

4. 为自己读书

为自己而活的人，很清楚自己要的是什么，这样就能活得简单快乐一些。为别人而活的人，别人一句话，一个眼神，一个评价就会影响你的心情。读书也是如此，为自己读书，关心的是自己在书中学到了什么，有什么进步，还有什么不足。为自己读书，才能追求纯粹的求知的快乐。

父母应该告诉孩子，不管将来你想干什么，想成为什么样的人，都应该从小好好读书，努力地学习知识，用知识武装自己。从这个意义上

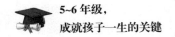
来说，读书是为自己的将来打基础，是为自己的人生铺垫基石。

如果没有丰富的知识，何来明天的事业成功？没有今天的辛勤付出，何来明天的丰收硕果？所以，要明确告诉孩子读书不是为了成绩，不是为了父母、老师，也不是为国家，而是为了拓宽自己的视野，增长自己的知识，将来更好地成就自己。

问题二：我是个笨孩子吗

很多孩子进入小学高年级以后，在学习上往往会遇到这样那样的一些困难，学习成绩也很难提高。这时，他们不免会产生许多困惑，很多孩子会反复问自己或是他人："我是不是个笨孩子，要不然成绩为什么一直不见提高呢？"不仅孩子经常这样说，很多家长有时也会这样评价孩子："你怎么这么笨，又没有及格？""真不知道你脑子里装的是什么，你就是一个大笨蛋！""你的脑子怎么那么不好使呢？""别的孩子一点就通，你怎么讲多少遍还是不明白呢？"

其实，家长的这些言语很容易伤害孩子的自尊心，加重孩子的自我怀疑，让他们更加相信自己的智力有问题，结果导致孩子的心理压力越来越大，在学习上越来越没有信心，成绩也越来越差。随着小学高年级学习任务的加重，学习难度的增加，通常受主客观各种因素的影响，不能简单地将孩子成绩的高低归结于"智力不足"。

智商测验表明，智商极高（IQ 在 130 分以上）和智商极低（IQ 在 70 分以下）的人都是少数，智商中等或是接近中等（IQ 在 80~120 分）的人占全部人数的 80%。因此，大部分孩子在智力上并没有多大的区别，"笨孩子"也是极少数的存在。

有心理学家说，"笨孩子"其实是孩子的一种自卑心理。这种孩子往往不相信自己的能力，看不起自己，缺乏自信，情绪总是处于消极的状态。尤其是在学习上，孩子的自卑感表现得更为明显。比如，有的孩子由于没有掌握正确的学习方法，往往不会听讲，抓不住学科的重点、难点，虽然课下耗费不少时间和精力，但是成绩进步却非常缓慢，甚至根本没有进步，结果产生自卑感；有的孩子把考试成绩看得过重，甚至视其为判断自己价值的唯一标准，本来成绩不错，但是如果遭遇几次考试成绩不理想之后就会认为自己能力不足，甚至自暴自弃；有的家长对孩子的期望往往过高，甚至过于苛刻，达不到要求就对孩子百般嘲讽和惩罚，加上老师也会经常在课堂上批评孩子，给孩子造成了很大的心理压力；有的孩子本身性格比较孤僻，不善交际，和老师以及同学的关系都比较疏远，有了困难和问题也不会主动向老师寻求帮助，学习中自然会产生自卑心理。自卑感不仅不利于孩子和同学、老师的人际交往，更是孩子学习中的一大障碍。妈妈应该积极帮助孩子克服自卑感，为孩子的学习铺平道路。具体可以参考以下方法：

方法一：引导孩子正确评价自己，制订适合自己的学习目标

孩子产生自卑心理，往往是因为没有对自己形成正确的评价。让孩子正确评价自己，正确评估自己的能力，然后根据自己的能力确定适合自己的学习目标，这样就可以避免制订过高或是过低的目标。过高的目标超出孩子的能力，不容易实现，这就很容易打击孩子的自信心；过低的目标，因为太容易实现，又会让孩子产生自满感，认为自己不需要付出什么努力也可以获得成功，同样对孩子的发展不利。妈妈对孩子的评

价也是孩子进行自我评价的参考，因此妈妈平时必须注意自己的言行，避免影响到孩子的信心。尤其是在孩子达不到你所期望的目标时，千万不能对孩子说"笨"或"不是学习的料"这些嘲讽难听的话，否则只会加重孩子的自卑心理。

方法二：增长知识，提高学习能力

知识是克服自卑最有效的武器，很多孩子之所以自卑，往往与他们的知识贫乏有关。当年龄差不多大的孩子聚在一起时，彼此之间在知识与能力方面的差距会让能力比较差的孩子自惭形秽，产生自卑情绪。如果能力比较差的孩子无法处理好这种情绪，便会产生更严重的自卑感。因此，为了帮助孩子克服过分的自卑感，妈妈要有意识、有计划地扩大孩子的知识面，提高孩子的学习能力，让孩子补足学科知识，多涉猎课外知识。同时也要逐步培养孩子良好的学习习惯，比如在预习、听讲、作业、自学、复习等各个学习环节，养成不偷懒、不拖拉、坚持不懈的学习习惯。

方法三：树立孩子的自信心

自信是自卑的对立面，自信心强的人自然不容易产生自卑感，如果自卑感比较严重，更要重树自信心。因此，妈妈帮助孩子在生活和学习中树立自信心，是克服自卑心理的关键。自信是建立在成功经验的基础之上的，要想消除孩子的自卑心理，妈妈就要让他生活在成功的体验之中。为此，妈妈应该多给孩子创造成功的条件和机会，并用这些事件鼓励孩子，促使孩子建立自信，努力克服困难。

苏联教育学家苏霍姆林斯基总结自己几十年的教育经验，得出这样的结论：教育的秘诀就在于注意保护儿童的自尊心和自信心。对于 4 年级以下的孩子，苏霍姆林斯基从来不给他们打不及格的分数，如果孩子成绩比较差，那么他会让孩子多做几遍练习以增强孩子的自信，这种做法可以很好地培养孩子的自信心和自豪感。

帮助孩子树立自信心，一定要及时对孩子进行鼓励，当孩子受挫时，妈妈应该体谅孩子的心情，帮助孩子分析受挫的原因，明确努力的方向，鼓励孩子继续努力。有的孩子性格孤僻，不善与人交往，常常表现得很自卑，妈妈应该尝试多与孩子沟通交流，帮助孩子改变形象。在言行举止方面锻炼孩子，让孩子在说话、仪态方面变得更有自信，长期坚持下来，一定就会改变孩子整个生活和学习的心态。

每个人都有自己的优点和缺点，如果能够扬长避短，发挥自己的优点，即使天生缺陷也会充满信心。因此，当孩子产生自卑感时，妈妈应该尽量突出孩子的优点，适当的时候还可以让孩子用自己的优点与他人的缺点进行比较，从而消除孩子强烈的自卑心理，达到心理平衡。

问题三：考试焦虑怎么办

很多妈妈都会有这样的困惑，孩子在小学低年级时明明学习成绩不错，也很努力，但是一进入高年级就变得十分紧张，大脑好像僵化了，平时内容记得挺好、挺牢的，一到考试就什么也想不起来了，考试成绩总是很差。做妈妈的难掩自己的担忧，担心孩子这样下去，以后怎么挑战中考乃至高考？

妈妈为了锻炼明明的自理能力，同时也为了让他有更充足的学习时间和更好的学习条件，从小就让他在寄宿学校上学。明明一直表现不错，遵守纪律，尊敬师长，有良好的学习习惯，从小学1年级到5年级，学习成绩始终是名列前茅。尤其是对数学十分感兴趣，经常代表班级参加数学竞赛。但是，明明对语文却不太感兴趣，但是因为学习努力，语文成绩也不错。语文老师同样十分器重他，也会让他参加一些语文竞赛。在参加竞赛前，老师经常给他开"小灶"，让他做很多练习题。虽然这种做法对他的语文学习会有所促进，但是明明却感觉自己的压力很大，尤其是最近简直不堪重负。

临近竞赛这几天，他总是焦虑、心慌，甚至彻夜失眠。再加上，这几天宿舍来了一位新室友，宿舍成员每天晚上熄灯后都要海阔天空地聊天，这让明明很难入睡，到了白天就心神疲惫，无法集中注意力听课，也很难静下心来复习。最近明明感觉自己在其他科目上的练习题的正确率都下降了。现在明明心里十分着急，不知道该怎么办好。他想退出语文竞赛，但是又担心如果放弃竞赛，就说明自己能力不足，也害怕让老师失望。

很明显，明明现在的情况属于典型的考试焦虑症，这种孩子在考试前半个月至一个月，常常会表现得精神不集中、记忆力减退、学习效率下降、紧张、恐惧、烦躁不安等，身体上也会出现头痛、腹泻、面色苍白、胸闷气短、恶心呕吐、食欲减退、小便频繁、失眠多梦等症状。如果妈妈没有及时发现并且加以干预、引导的话，轻则会影响孩子考试，重则会影响孩子的身心发展。

小学 5~6 年级的孩子大多面临着小升初的重大压力，加上孩子即将步入青春期，其情商、智商都处于发展状态，自我调节能力还不够成熟，因此很容易患上考试焦虑症。心理学研究表明，焦虑对孩子的学习会产生一定的负面影响，一是容易使注意力分散，影响孩子对有关信息的掌握；二是影响学习策略的有效运用；三是妨碍考试策略的运用，对于已经掌握的内容也不能很好作答。

我们经常会看到陷入焦虑情绪的孩子对眼前的学习任务往往会产生紧张不安、慌乱惧怕的心理，对设置的学习目标没有完成的把握，而且面对不理想的学习结果和别人对自己的过分指责也会产生失败感、负罪感和内疚感。

瑞士心理学家维雷娜·卡斯特认为严重的焦虑来自关系，即孩子对他们与父母之间关系的焦虑。最强烈的焦虑来自最高价值被否定，而这种最高价值就是爱与被爱。很多时候，孩子担心的不是考试，而是担心得不到父母的认可。如果家长能够给孩子提供一个稳健、和谐的关系，无论孩子的表现怎样，家长都能一如既往地爱孩子、认可孩子，那么孩子对考试的焦虑就会有很大程度的减轻和缓解。

孩子的身心健康状况与考试焦虑症有着非常重要的关系。因此，引导孩子的身心朝着健康的方向发展可以减轻考试焦虑程度。妈妈在关注孩子学习成绩的时候，不能给孩子太大的压力，不要让自己过高的期望带给孩子太重的负担。此外，妈妈还可以教会孩子一些情绪调控的方法，助力缓解孩子紧张、焦虑的情绪。

方法一：情景模拟想象

考试前，妈妈可以引导孩子反复想象或是直接模拟考试的情形。比如，复习准备、宣布考试、查看试卷……经过这样的训练，孩子会大大增强对考试的"免疫力"，就算面对真正的考试也不会那么紧张、焦虑了。如果孩子在模拟的过程中出现头晕心慌、手心出汗等不适症状，妈妈可以引导孩子做深呼吸 20~30 次，这样很快就能平息情绪。按照以上方法调节一段时间，孩子的考试焦虑就会有所缓解。

方法二：自我暗示

日常生活中，妈妈要鼓励孩子放下心理包袱，减轻紧张感，增强自信心，也可以引导孩子做这样的自我暗示："我紧张，别人也和我一样""我能行""时间和题的难度都是一样的"，等等。进行心理暗示时，妈妈要注重帮孩子调整呼吸，将呼吸节奏放慢，保持头脑冷静，调整身心，避免胡思乱想。

方法三：宣泄倾诉

考试越是紧张，越要进行一定的宣泄、倾诉，而不是一味地闷在心里。为此，妈妈可以鼓励孩子找一些值得信任的人将心中的苦恼说出来。比如，可以向父母宣泄，也可以向同学宣泄。当孩子向他人宣泄时，他会发现其实身边很多同学都会有不同程度的考试紧张、焦虑的情绪，这样就可以让孩子恢复到心理平衡，将负面的情绪宣泄出去。

问题四：我的特长是什么

诗妍只有 12 岁，但是她的履历表已经能填满几页纸。从 4

岁起，她就开始学习绘画和钢琴，上学后又学了小提琴、古筝，现在的她又开始练起了书法，而且她一直都是学校里的文艺小明星。除了这些，诗妍还经常参加作文、英语等各种比赛，获奖证书无数。这样的经历，不仅让很多同学羡慕，很多家长也是连连称赞诗妍的妈妈能有这么一个多才多艺的女儿，于是大家纷纷向诗妍妈妈请教，想知道她是怎么教导孩子的。

但是诗妍也有自己的烦恼，比如有的时候两个比赛在时间上会重合，如果都做准备的话，显然时间上是不允许的，但是诗妍又很难抉择自己应该选哪一个。还有就是有一天，诗妍在填写学校推荐的申报"十佳学生"候选人表格的时候，发现要填写的项目有很多，但是所给的表格却很小。当她看着"爱好"那一栏时，却不知道自己究竟应该填什么。后来诗妍仔细想了想她所有的所谓的那些爱好，发现并没有哪一个是自己特别喜欢或是特别讨厌的，几乎每一个爱好都是在妈妈的要求下才学的。当初在她选择兴趣班的时候，当然也有抱怨和反抗，但最后还是敌不过妈妈，也就坚持学了下来。现在的诗妍已经习惯了没完没了的练习，甚至没有一点儿自己的业余时间。所以，对于特长这件事，在诗妍眼里，与其说是"爱好"，不如说是"习惯"。

现实生活中，有很多像诗妍这样的孩子，在家长的要求或是诱哄下，报了很多兴趣班、爱好班，学习各种才艺。但是深入了解这些孩子后，就会发现他们其实并不喜欢学这些所谓的"特长"，更别说当它为自己的爱好。在这些家长看来，孩子有一项或是几项特长，既可以为未来提供发展方向，也可以增加孩子的魅力值，对孩子的人际交往有很大的帮助。但是对于孩子而言，喜欢的事情往往却是其他的方面，比如模仿、给娃娃做衣服、做植物标本等，家长总认为这些事情没有用，浪费时间。

其实，特长应该是从爱好发展起来的，很多孩子报了一堆兴趣班，考了一堆证书，得了一堆奖杯、奖状，却并非是他们真心喜欢的，而是一项不得不做的"作业"。因为这些"作业"是父母要求他们做的，而理由又是所有的孩子都在做，既然别人都在学，自己的孩子不学就会落后，于是孩子要学的"特长"就越来越多。当孩子为了考证而练习，为了得奖而展示自己的时候，特长已经难以等同于爱好了。

教育专家表示，家长培养孩子的兴趣可以，但千万别让孩子为兴趣所累，否则就算考了一堆证书、一摞奖杯、奖状，孩子的灵性也被磨掉了。美国《优秀儿童标准》指出，兴趣广泛是优秀儿童的标准之一，但是对于艺术的兴趣，只是其中的一个小项。其实，很多孩子都具备优秀儿童的特质，家长只要稍加引导，孩子的这种特质就会最大程度地发挥出来。但是很多望子成龙、望女成凤的家长，往往会走入艺术特长"越多越好"的误区，让艺术特长限制了孩子的发展，毁灭了孩子的天性，甚至限制了孩子的创造性、发散性的思维，这其实是非常可怕的揠苗助长，是最不可取的"爱"。

生活中，我们经常会看到这样一些家长：有的盲目跟风，看见别人家的孩子在学，就觉得自己的孩子也不能落后；有的家长总是把自己认为有用的爱好，或是把自己的爱好硬生生地强加给孩子；有的家长抱着"多学一点儿是一点儿"的思想，总是有班必报，而孩子对所有的兴趣班都是蜻蜓点水、囫囵吞枣。这样做，不仅起不到让孩子发挥特长的作用，反而会让孩子变得更加浮躁。

兴趣爱好广泛固然是件好事，但是物极必反，孩子的年龄特点决定了他们是不可能做到面面俱到的，童年应该是快乐、无拘无束的。既然学，就应该把孩子的潜质挖掘出来，让孩子的天分得到充分发挥，力求做到极致。那么，妈妈在培养孩子的爱好，激发孩子的特质方面，又该避免走入哪些误区呢？

1. 特长应该与孩子的兴趣爱好挂钩，而不应该限制为艺术特长

很多妈妈谈起特长就是音乐、美术、舞蹈、体育。其实特长的范围是比较广泛的，就比如画画是特长，给娃娃制作服装也是特长，唱歌是特长，听音乐、鉴赏音乐也是特长。实际上，特长应该是在孩子自己的意愿上发展起来的，妈妈要善于发现孩子的兴趣爱好，以及孩子在某些方面的天赋，用孩子能接受的方式来引导他们，让孩子对某些事情产生兴趣或是继续保持对某些事情的兴趣，然后给孩子提供适度的帮助，让孩子得以继续学习深造。另外，孩子对于自己感兴趣的事情，肯定会更愿意去学，也能学得更好。

2. 特长最好和孩子将来的发展对接起来，根据实际情况进行选择，不能盲目

妈妈们经常盲目跟风，看见别的孩子在学什么，也会让自己的孩子去学，或是发现现在哪种特长比较热门，就会让孩子学什么。其实为孩子选择特长，最好和孩子将来的发展对接起来，不能盲目跟随。妈妈应该仔细考虑清楚，孩子学习这个能否为将来做些铺垫，让他在今后的人生道路上多些机会和选择。

另外，妈妈还需要根据实际情况引导孩子选择兴趣班。虽然很多家长会在孩子几岁的时候就让他们学习某些特长，但是也有相当一部分孩子在 5~6 年级才开始选择学习特长。因为，这个阶段的孩子有了一定的自律、自控能力，能够很好地约束和鼓励自己进行学习，也能够坚持下来。这个阶段的孩子，自我意识更明确，也知道自己的爱好和兴趣在哪儿，因此能够选择出自己比较喜欢的，同时也适合自己的特长。

3. 特长的培养要精，不宜战线太长

妈妈们经常对孩子寄予过高的期望，甚至希望孩子琴棋书画样样精通，于是会给孩子选择很多的学习项目，有些孩子的特长通常达到六七种。特长是特别突出的本事或是能力，如果想要孩子什么都懂，那么最后很可能是孩子什么都不精。孩子的精力是有限的，如果因为过多的特长学习，让孩子身心劳累，影响了正常发展，那岂不是得不偿失？其实，孩子能有一技之长，在学科、性格、心态等方面，能够健康、阳光、全面地发展，就已经是很不错了。

4. 如果想要长足发展特长，就要找专业的老师，进行系统、专业的学习

大多数妈妈发展孩子的特长，只是为了丰富孩子的课余活动，让孩子有自己的爱好，如果属于这种情况，那么参加普通的业余培训就可以。但是如果孩子比较喜欢，期望进行更深入的学习，或是未来打算从事这方面的事业，那么妈妈就应该为孩子请专业的老师，这样才能让孩子的潜能全部发挥出来，避免孩子将专业学成业余。

问题五：分数究竟有多重要

成绩单是学生时代与孩子联系最为紧密的一样东西，也是众多妈妈衡量孩子学业水平的参考。妈妈关心孩子学习成绩无可厚非，但并不是所有的妈妈都能使自己的关心变成孩子学习的动力。事实上，有很多妈妈对考试成绩的态度，以及由此引发的某些行为常关系着亲子关系的喜与忧、亲与疏，需要妈妈们谨慎处理。

妈妈们要知道分数只能在一定程度上反映孩子掌握知识的状况，而不能完全反映孩子的智力水平，更不能以分数高低来衡量孩子的优劣。当孩子处于低年级时，学习内容比较简单，取得的分数可能会高一些。随着孩子逐渐升入高年级，学习难度加大，考高分就不是那么容易了，而且分数高低还与题目难易程度、覆盖面大小、孩子的身体状况和心理状况等多种因素有关。家长过于看重孩子的考试成绩，关注分数的高低，只会压抑孩子的学习积极性，促使孩子出现撒谎、考试作弊等不良行为，由此产生畏惧、厌学心理，影响孩子的健康成长。

一般来说，妈妈对孩子分数的误区主要有以下两个方面：

1. 片面夸大分数的意义，把分数高低视为判断学习优劣的唯一标准

很多妈妈在孩子取得令自己满意的成绩时，往往表现得心花怒放，或者用物质来奖赏孩子；当妈妈对孩子的成绩不满意的时候，就会表现出生气、愤怒的一面，对孩子横加批评、指责，让孩子心中惶恐不安。如果孩子成绩好就随便给予奖励，放松对孩子的要求，这样很容易让孩子产生骄傲自满的情绪，导致孩子成绩的下降；如果孩子成绩不好，就

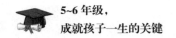

对孩子指责打骂，予以严厉惩罚，甚至判定孩子一生都没有出息，这会严重伤害孩子的自尊心和自信心，对孩子的身心造成不可弥补的负面影响。

其实，对于分数，我们承认它的重要性，但是不能把它看成一切。不过分夸大分数的功能，不要让自己对分数的态度影响到孩子考试以及学习的心态，如果能对分数采取理智的、科学的态度，则带给孩子的是巨大的学习动力以及平和的心态，让孩子更容易将学习搞好，更自主、积极地去学习。

2. 机械、片面地分析分数，从而得出错误的结论

有的妈妈经常会说："为什么这次数学考这么少的分数，前两次不是考得很好吗？是不是这次不努力？"这样的分析很容易得到错误的结论。仅因某次分数的下降就否认孩子学习的进步会使孩子失去学习兴趣。仅依据某次分数来分析指导孩子学习时间与精力的分配也会使孩子忽视真正的困难，使问题长期得不到解决。那么，妈妈应该怎样对待分数，才能充分发挥分数的作用，使其成为促进孩子学习的催化剂呢？

第一，不同的考试有着不同的测试目的，反映出来的问题也不相同

只有了解测试目的，才能看出考试反映出来的问题。拿学科测试来说，有进度测试、摸底测试、总结性测试等，也有偏重知识水平的测试与偏重能力发展的测试等。有的孩子在偏重知识识记的测试中比较容易取得高分，而在偏重知识运用的考试中分数却不是很高。妈妈不能简单地以一两次的分数高低来判断孩子的学习是进步或是退步，而忽略孩子能力发展方面的问题。另外，进度性测验题的难题往往比较小，考查内

容比较详细。因此，学期间的考试取得高分并不意味着期末总结性考试也能取得高分。

第二，分析试卷时，要善于发挥分数的激励功能

当孩子学习进步时，妈妈的表扬和肯定能够使孩子体会成功的喜悦，产生强烈的学习动机；但是在孩子成绩不理想时，更需要妈妈的鼓励和帮助。孩子是有自尊心和羞耻心的，成绩考得不好，他们比谁都在意，甚至着急上火，倘若妈妈这时候没能给予他们足够的理解和鼓励，就会导致孩子产生偏执情绪，形成不良心理。

如果孩子考试考得不是很理想，妈妈也不要发怒，而是应该平心静气地跟孩子一起分析考试结果。妈妈要善于在考试中发现孩子的进步，并及时给予恰当的表扬，充分发挥分数的激励功能。在孩子的成绩单内"发掘"一些可以称赞的"成就"，对孩子及时给予赞赏和鼓励，同时指出孩子的不足，不使孩子丧失信心，以激发孩子努力学习的热情。

妈妈还可以向孩子询问考试的一些具体情况，尽量让孩子自己找出考试失败的原因，并做出具体合理的解释。这些解释既要有主观原因也要有客观原因。比如，是自己这次没有太努力，考前重视不够或是太紧张了，还是试题太难、天气太热、身体不舒服等。当孩子合理解释之后，妈妈应要求孩子提出今后的改进方法以及应该采取的行动，并尽自己所能地去帮助孩子，查漏补缺，巩固所学的知识。

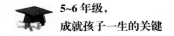
问题六：如何看待偏科

偏科是学生在小学、中学和高中阶段都比较普遍的一种现象，也是让无数家长和老师都感到头疼的一个教育难题。有研究机构曾经对学生的偏科现象做过调查，结果发现 21% 的小学生有偏科现象。小学阶段是打基础的阶段，如果孩子在这时候出现偏科现象，就会造成知识基础不牢，对孩子今后的学习产生消极的影响，应引起家长的重视。

对于 5~6 年级的孩子来说，引起偏科的原因有很多，既有孩子自身的原因，也有客观原因。比如，有的孩子从小就喜欢阅读，语言表达能力较强，经常练习写作，因此对语文情有独钟；有的孩子，头脑反应迅速，喜欢数字和图形，偏爱数学和逻辑思考，对那些需要背诵、书写的文科感到枯燥无味；有的孩子对自己不感兴趣的科目很少花费时间钻研，上课不能专心听讲，课下不愿认真写作业。受这些主观因素的长期影响，自然会造成孩子某些科目成绩的落后，出现偏科现象。

还有些客观原因，比如有的课程特点与设置、教师的授课方式与个人魅力，孩子受所接触的媒体和书籍的影响等原因，也会让孩子对某一学科产生喜欢或是厌倦的心理，进而逐渐发展成偏科现象。这些都需要引起孩子和家长的注意，妈妈在纠正孩子偏科行为的时候，要认真分析孩子偏科的原因，然后对症下药。具体说来，妈妈可以这样做：

方法一：激发孩子的学习兴趣

大部分孩子的偏科是因为缺乏学习兴趣，因此激发孩子的学习兴趣是纠正偏科的关键。妈妈可以用孩子的理想和前途激发孩子学习的兴趣，让孩子明白梦想的实现与自己的学习成绩是紧密相关的。妈妈还要尽量发现孩子在某一方面的优势，以此为"兴奋点"培养孩子的兴趣，建立孩子的信心。比如，孩子语文可能学得不好但书写工整娟秀，那么妈妈就可以表扬孩子的书写，这样孩子就会有成就感，不仅愿意写字而且还会严格要求自己学好语文。

方法二：帮助孩子设置适合自己的学习目标

对于孩子的弱势学科，妈妈应该给予一定的宽容，不妨给孩子定一个比较低的目标，让孩子分阶段提高，这样孩子努力起来才会有成就感。如果妈妈总是对孩子提出不切实际的目标，或是对孩子目前的情况进行打击，只会让孩子对弱势学科越来越害怕与反感。妈妈还应及时鼓励孩子在弱势学科上取得的微小进步，比如积极地在课堂上发言，认真地做学习笔记，从而一步步地引导孩子加强弱势学科的学习，进而提高弱势学科的成绩。

方法三：合理分配学习时间

很多时候，孩子偏科与学习时间和精力的分配不合理有着很大的关系。很多孩子都是对自己感兴趣的学科投入很多的时间和精力，而对自己不感兴趣的学科却不愿意投入过多的时间和精力，这就会导致孩子对这一学科的兴趣越来越低，偏科现象也就越来越严重。为此，妈妈应该引导孩子合理地分配学习时间，对于已经学得比较好的学科，就要相应

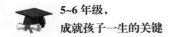
地减少一些学习时间，多将时间放在比较弱势的学科上。比如，妈妈可以和老师沟通一下，减少孩子优势学科的作业量，同时针对孩子所存在的偏科问题，进行专项训练。

方法四：针对具体学科，找到提高成绩的方法

一般来说，由于不同的学科所具有的特点是不一样的，提高成绩的方法也就各不相同。为此，如果妈妈能够针对具体的不同学科制订可行的计划，对孩子加强学习方法和学习兴趣的引导，孩子的学习成绩就会有很大的提高。比如，对于语文来说，让孩子可以从阅读入手，这样既可以增长知识，也有助于培养孩子对语文及写作的兴趣。对于数学来说，提高成绩的关键是把基础打牢，牢牢地掌握基础知识的运用能力。应该注意的是，如果重新打基础是非常艰难的一件事，除了需要大量的努力之外，还要做好一定的心理准备，因为当别的孩子都在学习新知识的时候，你的孩子还在学习旧的知识，那妈妈有时可能会比较着急，这时应该时刻关注孩子的情绪，鼓励他们要有极大的耐心，不能心浮气躁，要一步一个脚印，奋力追上。

方法五：跟老师密切沟通，相互配合

有很多孩子之所以偏科，在某种程度上也与老师有着很大的关系。如果是因为老师的影响，那么妈妈应该及时与老师沟通，尽快解开老师和孩子之间的心结，更好地促进孩子的学习。另外，老师的鼓励和信任往往更能激励孩子，极大地增强孩子的信心和学习兴趣。

问题七：怎样才能记得更快、更牢

记忆是信息的摄入、编码、储存、提取的过程。从心理学角度来说，记忆包含识记、保持、再认和重现等基本过程。其中，识记分为识和记两个方面，先识后记，识中有记；保持是指将已经识记过的材料，有条理地保存在大脑之中；再认是指当识记过的材料再次出现在面前时，能够准确地认识它；重现是指在大脑中重新出现对识记材料的印象。

在提高孩子记忆力时，一定要注意这些环节。记忆是大脑的重要功能，也是人的智力活动的重要标志，可以通过培养得到提高。如果一个人的记忆力非常强，就能够储备大量的知识，而这些知识又是进行各种智力活动的基础。在学习中，大部分记忆都是有意记忆，即具有一定目的性和采取一定的方法进行记忆。

小学高年级需要记忆的内容很多，比如语文课本上的诗词、数学的公式定理、英语的单词，以及社会学科和自然学科中的各种知识点，这些需要背诵的知识点无疑加重了孩子的学业难度。为此，很多家长经常反映孩子的记忆力不好，埋怨孩子该背诵的东西总是背不下来，而且即使背下来了很快就又忘了，导致考试成绩也很差。因此，提高孩子的记忆力是妈妈需要帮助孩子解决的学习上的难题之一。那么，妈妈又该如何提高孩子的记忆力，让孩子将知识记得更快、更牢呢？

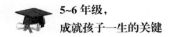
1. 注意力集中

注意力集中是加快记忆、增强记忆的重要条件，当一个人排除杂念，聚精会神的时候，大脑皮层就会留下深刻的记忆痕迹而不容易遗忘。如果精神涣散，一心二用，就会大大降低记忆效率。因此，记忆时一定要让孩子集中注意力。

孩子进入 5~6 年级以后，由于他们需要考虑的事情和经历的事情越来越多，影响孩子注意力的事情也越来越多，孩子的注意力往往很难集中。妈妈在培养孩子的记忆力时一定要帮助孩子营造一个安静、适合记忆的氛围，平时多和孩子沟通交流，及时解决孩子心中的困惑，不要让太多的烦心事扰乱孩子的注意力。另外，妈妈还应该教会孩子一些调节控制情绪的方法，让孩子有意识地控制自己，更好地集中注意力。

2. 兴趣浓厚

兴趣对提高记忆力起着非常大的作用，孩子对于自己感兴趣的知识会记得比较轻松且记得牢固，而对自己不感兴趣或觉得索然无趣的知识往往需要花费很多时间和精力进行机械式的记忆才能有效果。培养孩子广泛的兴趣爱好，妈妈不让孩子对某一领域或是某一学科产生偏见，要帮助孩子带着探究的心理去学习各种知识，孩子的记忆能力自然会得到提高。

3. 理解记忆

任何记忆总是以一定的理解为基础，因为只有对事物的内在规律理解透彻了，才能记得又快又牢固。相反，缺乏理解的死记硬背只会徒劳无功。没有理解的东西，只能算是背下来，根本不会运用，这样也无法真正掌握知识和提高成绩。尤其是在对数学等逻辑知识的记忆上，妈妈更应该帮助孩子在理解的基础上进行记忆，这样才能取得更好的效果。

4. 复习是巩固记忆的最好方法

任何记忆都是会遗忘的，通常遗忘的速度是先快后慢，所以对于刚学过的知识，最好是趁热打铁，及时温习巩固，可以强化记忆的痕迹。为了避免遗忘，还有很多方法值得采用。比如，对于已经记住的知识点经常回忆以达到熟记、牢记的效果；对于掌握不牢的知识点，可以重点记忆，以使记忆中的错误得以纠正，遗漏得以弥补，从而记得更牢。

5. 科学记忆

科学记忆是根据一定的科学道理采取科学的方法进行记忆。比如，记忆是有最佳时间的，一般来说上午 9 点—11 点、下午 3 点—4 点、晚上 7 点—10 点都是最佳记忆时间。妈妈需要帮助孩子利用上述时间来记忆重难点和学习材料，效果要好得多。

另外，妈妈还可以根据学习材料的特点，以及孩子的个性灵活运用记忆方法。比如，分类记忆法、图标记忆法、编写提纲法、卡片记忆法。这些方法的运用可以缩短记忆过程，提高孩子的记忆效率。此外，科学用脑也是提高记忆效率的重要保证。科学用脑包括保证营养、合理休息、积极进行体育锻炼等，只有防止过度疲劳、保持积极乐观的情绪，才能大大提高大脑的工作效率，这也是提高记忆力的关键。

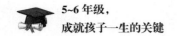
问题八：努力学习却没有进步怎么办

      阳阳在小学 3~4 年级的时候，学习成绩一直很好，但是进入 5 年级以后，成绩一直处于下滑趋势。阳阳的自尊心比较强，看见成绩下降，当然是更加努力地去学习，上课认真听讲，积极地做笔记，放学回家的第一件事也是先做作业。但是即便这样，阳阳的成绩还是不见提高。到了 6 年级，阳阳更是着急。有时候，他会听见别的同学议论自己，说他那么努力，成绩还是那么不好，肯定特别笨。这样，阳阳的心情就更不好了，在学校最害怕的事情就是老师公布成绩，后来阳阳甚至故意远离老师和同学的视线。久而久之，就产生了厌学的情绪。

    生活中，我们经常会看到这种孩子，他们在学习上总是表现得很努力，但成绩却始终不是很理想。长期下去，不免会打击孩子的自信心，影响他们的学习情绪，还会让他们产生厌学的心理，就像故事中的阳阳一样。孩子进入 5~6 年级，学习任务繁重，学业难度增加，加上这个年龄段的孩子正经历身心发育的重大变化。学习上很努力但是学习成绩不见提高的问题就会变得更加严重，尤其是孩子面临小升初的压力，这种情况就会愈演愈烈。

    其实，影响学习成绩的因素有很多，孩子平时学习很努力这只能说明孩子的学习态度比较好。学习成绩还与学习能力、学习基础、学习方法、学习习惯、学习环境、学习效率等各种因素有关，所以要解决这一问题，就必须找到影响孩子学习成绩的真正原因，然后对症下药。面对孩子学习很努力但是成绩不见提高的问题，妈妈需要注意以下两个方面：

1. 及时关注孩子的心理，避免孩子产生厌学情绪

大部分学习努力但成绩没有提高的孩子的自尊心都非常强，正是因为这份自尊心让他们更加努力地学习，但也是因为这份自尊心让孩子很受伤。如果成绩一直无法提高，他们也会放弃自己、放弃学习，甚至对自我产生深深的怀疑，对自己形成错误的评价。对于这样的孩子，妈妈应该给予足够的关心和鼓励，不能在孩子取得不好的成绩时就对孩子恶言相向，说出伤害孩子的话，或是做出伤害孩子的事情等，要让孩子形成积极的学习态度，安抚孩子的情绪，不要让孩子产生自卑、放弃的心理。

爱迪生说："很多生活中的失败者，是因为他们没有认识到，当他们放弃努力时，距离成功是多么近。"告诉孩子，他距离成功、距离成绩的好转只剩一小步的距离，如果他现在放弃，将会是他人生中最大的遗憾。妈妈可以找到孩子进步的方面，及时去鼓励孩子，让孩子对自己报有信心，这样孩子才能以更加积极的心态去学习、去争取，从而获得成功。

2. 找到适合孩子的学习方法，提高学习效率

通常，大部分孩子学习成绩不好，并不是因为脑子笨，而是没有找

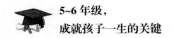
到适合自己的学习方法。

在小学低年级，孩子的学习内容大多靠死记硬背，多看多写多练，成绩进步通常比较快。但是随着学习内容的增多，学习难度的加深，死记硬背的学习方法就行不通了，即使再努力，成绩也很难提高。

比如，小学低年级的语文，大多考查生字生词，孩子只要把字词记牢便可以；小学高年级的语文，更多的是考查孩子对文章的理解和语文知识的运用。再比如，小学低年级数学，更多的是考查简单的运算，但是要想学好小学高年级的数学就必须具有一定的数学逻辑思维，这样才能更好地分析数学问题、理解数学应用题、运用数学知识。因此，在不同的学习阶段，要想成绩同步提高，就必须调整和改变原来的学习模式和学习方法，来适应更高层次知识学习的要求。当妈妈发现孩子"停滞"了，就要分析一下孩子的学习模式是否适应更高层次的知识学习的要求，学习方法是否正确。

首先，妈妈要帮助孩子变被动学习为主动学习。小学高年级的学习不能再像低年级那样，老师让做哪里就做哪里，老师没有提到的就不去做，也不能等老师提到了再去做，而是要自己主动提前进行学习，找到自己的学习难点，积极地进行专项训练和解决。如果被动地跟着老师的安排，抱着一种机械的苦学加死学的方法，整天为做题而做题，只会越做心中越没数，最终导致成绩停滞不前。

其次，妈妈要帮助孩子将知识做到融会贯通。对于5~6年级的孩子来说，可以让孩子在作文中运用自己背诵的诗词句子，或是用数学知识解决日常生活中的问题。这样一来，孩子就能很好地锻炼大脑，活跃思维，做到学以致用。

此外，对于高年级的孩子来说还要改变题海战术，每次考试后一定要对试卷以及自己进行全面、客观的分析。对试卷进行分析，可以找到自己在知识掌握上的漏点和盲点，让自己的复习和改进更有侧重；对自己进行分析，要做到查看是不是因为自己马虎、心慌、紧张或是自满自大造成的成绩下降。这些分析可以帮助孩子了解知识点和能力点的掌握情况和存在的问题，并据此确立今后的努力方向和攻克的难点，从而制订有效的学习计划并采取相应的措施。

第三部分

5~6 年级，妈妈送给
孩子最好的礼物

第七章

5~6年级，培养杰出青少年的七个习惯

5~6年级，是孩子行为习惯的稳固期，多培养孩子一个好习惯，让孩子的习惯更稳固一点儿，孩子就会比同龄人更优秀一点儿。习惯并非先天带来，而是后天养成，妈妈给孩子播下一种习惯，让孩子收获一种性格，将会让孩子受益一生。

习惯一：尊重他人

俊俊的爸爸有看报纸的习惯，所以家里征订了几种报纸。俊俊上 5 年级以来，对自然科学方面的知识很感兴趣，因此妈妈也给俊俊征订了一本《自然科学》杂志，每天都有邮递员或是报刊发行人员将报纸和杂志送到家里。

周六早上，下起了雨，俊俊起得很早，闲来无事，就去门

口看杂志送到了没有。俊俊回来的时候气呼呼地说："那些送报纸的，不知道干什么去了，磨磨蹭蹭的，现在还没有把报纸送到。如果耽误了大事怎么办？一点儿责任心都没有！"妈妈感觉儿子的语气有些不对，听得让人很不舒服，就严肃地对俊俊说道："邮局送报纸的叫作邮递员，报社送报纸的叫作报刊发行员，他们都可以称为投递员。你随口的一句'送报纸的'是很不尊重别人的叫法，很没有礼貌，也很没有家教。无论从事什么样的职业，都是在为社会做贡献，在为我们服务，理应得到所有人的尊重。"

俊俊听了妈妈的话，有些不好意思地低下了头。妈妈知道俊俊已经开始反省自己的言行，继续说道："对他人的称呼，能够反映出这个人的自身素质和品质，能够反映出一个人是文明还是粗俗。尊重别人是每个人应该养成的习惯。你现在年龄还小，如果不养成尊重别人的习惯，那么以后肯定会成为自大自傲的人，到那时没有朋友，也无法处理好事情。"

俊俊听后，郑重地和妈妈道歉，并保证再也不这样了。不一会儿，有人敲门，是邮递员来了。邮递员对俊俊的妈妈说："十分抱歉，今天下雨了，交通有些不好，所以报纸送晚了，让您久等了。"

妈妈看了看俊俊，俊俊笑着说："没关系，叔叔，今天下雨您还给我们送报纸，辛苦了。"

见到俊俊这样说，妈妈当然很高兴自己的苦心没有白费。

尊重别人的习惯应该从小养成，是伴随人一生的习惯。很多孩子以自我为中心，总希望别人围着他转，凡事都听他的指挥，表现出自大自

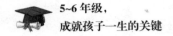
满、没有礼貌，这对于孩子以后步入社会十分不利。因此，对于 5~6 年级的孩子来说，让他们学会尊重别人就显得十分重要。那么，妈妈应该怎么引导孩子养成尊重别人的习惯呢？

方法一：妈妈首先应该尊重孩子，让孩子感受到尊重

英国著名教育家斯宾塞曾经说过："野蛮产生野蛮、仁爱产生仁爱，这就是真理。"孩子在别人那里得到尊重，才能形成尊重别人的习惯。如果孩子能够在家中就学会尊重，那么在外面也能尊重别人。日常生活中，妈妈也要经常使用体现尊重的用语，获得孩子的帮助时妈妈应对孩子表示感谢，而不是用生硬的命令句式要求或是强迫孩子。平时有什么事情，妈妈也要和孩子商量，比如外出活动或是使用物品的时候，都应该征求孩子的意见。这样从生活实际出发，让孩子感受尊重的氛围，孩子自然而然就会养成尊重别人的习惯。

方法二：注意教育方法

5~6 年级的孩子，有的因为自我意识的觉醒和发展容易形成傲慢的性格，往往不懂得尊重别人，而且经常会厌烦大人对自己的说教。还有的孩子虽然看似不懂得尊重别人，其实是因为他们的内心非常害羞，不敢开口与他人交谈，表现自己。所以，妈妈首先应该了解孩子行为表现背后的原因，充分理解这个年龄段孩子的心理特点，对其进行有针对性的引导，这样才能有的放矢，取得明显的效果。

方法三：妈妈要以身作则，懂得尊重别人

俗话说"最好的教育方法就是身教"。妈妈在日常生活中如果能够尊

重别人，在言语上表现得体，那么自然会影响到孩子。这样的教育也避免了说教的空泛乏力，易于孩子接受和理解。这种潜移默化的影响，对于孩子好习惯的养成是非常有帮助的。

习惯二：保持幽默的人生态度

俄国文学家契诃夫说："不懂得开玩笑的人，是没有希望的人。"在现实生活中，幽默可以淡化人的消极情绪，消除沮丧与痛苦，舒缓紧张气氛，带给自己和别人喜悦和希望。

幽默的孩子往往比较聪明、快乐，能够轻松地生活和学习，也更容易拥有一个乐观、开朗的人生。

幽默是一种人生态度，更是一种人生智慧，其心理基础是乐观、积极向上的心态。小学高年级的孩子正处于性格逐步稳定的阶段，乐观的性格对于其人生有着非常积极的影响，因此让孩子形成乐观的性格对其发展是十分必要的。1 岁多的孩子，已经对他人的面部表情十分敏感，比如孩子在跌倒要哭泣的时候，大人们的一个鬼脸往往会让孩子破涕为笑；2 岁的孩子能从身体或物品的不和谐中发现幽默；五六岁的孩子对幽默的语言已经十分敏感；八九岁以上的孩子会经常蹦出一些幽默的想法并用语言表达出来。

让孩子养成幽默的习惯，可以让孩子更加开心快乐地成长，培养幽默感是一个过程而不是结果。孩子在学习幽默的过程中，能够学会用心去感悟生活，用乐观、宽容的心态积极地面对生活，这才是最重要的。那么，妈妈应该从哪些方面引导孩子呢？

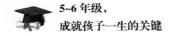
方法一：营造愉悦的家庭氛围

家庭环境对孩子幽默感的培养影响非常大，在一个民主、和谐的家庭中，父母和子女的关系非常好，彼此之间是轻松的朋友关系，孩子就更容易形成乐观、幽默的性格。而在严肃的家庭氛围中，孩子的性格就容易呆板，变得怯懦胆小，容易紧张。所以，营造良好的家庭氛围可以让孩子在轻松的环境中成长，在日常生活中孩子才能说出幽默的话语，做出幽默的行为，形成开朗乐观的性格。

方法二：引导孩子热爱生活，用心感悟生活

幽默不是生硬的逗人发笑，而是自然而然流露出来的情感。真正的幽默都是在日常生活中是用心感悟出来的。引导孩子用心观察、感悟生活，培养对事物的洞察力，用自己的视角看世界，不因循守旧，是提高幽默的一个重要方面。

方法三：教育孩子以乐观、宽容的心态对待身边的人和事

幽默的本质是乐观和宽容，让孩子学会幽默地对待生活其实就是让孩子学会乐观和宽容。因为当孩子对生活幽默时就说明他是在乐观地看待生活，当孩子幽默地对待生活中的伤害和不公平时就是在宽容别人和自己。在生活中，妈妈要让孩子不要斤斤计较，更加从容、宽容地对待生活，这样才能提高孩子的幽默感。有时适当的自嘲也是一种幽默，真正幽默的人不怕受人嘲笑，而且非常善于自嘲，这种自嘲实际上是建立在自信的基础上的。

方法四：提高孩子的语言能力和想象力

孩子如果表达能力不强、语言词汇贫乏、想象力欠缺就不能充分表达出自己的幽默，所以，妈妈应该着力提高孩子的语言表达能力和想象力。在平时，妈妈可以让孩子多看一些轻松幽默的书籍或是电视节目，幽默、有趣的小故事不仅能使孩子在轻松愉快的氛围中喜欢上阅读，还能潜移默化地培养孩子的幽默感。很多儿童文学作品中的主人公都是乐天派，他们虽然遇到各种各样奇怪的困难，但总能化险为夷，继续乐观地对待人生。多让孩子阅读这样的故事，可以培养孩子对乐观情绪的向往。一些幽默的电视节目也能丰富孩子的幽默词汇和动作，让孩子的言语更有表现力。此外，妈妈平时也要经常锻炼孩子的表达能力，让孩子讲讲身边发生的事情。当孩子讲到比较幽默的情节时，妈妈要发出会心的欢笑，让孩子体会到这种快乐。

习惯三：经常进行体育锻炼

未来社会对人才的要求，不仅要有卓越的能力、优良的品质，还需要具备强健的体格。俗话说"身体是革命的本钱"，没有一个好的身体素质会让各种能力的发挥都受到限制，因此加强体育锻炼非常重要。

5~6年级的孩子正处于身体快速发展的时期，但很多家长为了让孩子取得好的学习成绩，只顾让孩子专心读书，却往往忽视了孩子的运动。现如今随着电脑、手机以及各种游戏机的花样翻新，很多学生沉迷于游戏中，更缺乏体育锻炼，这些都会影响孩子的身体素质。有专家进行了学生体质健康的调研，结果显示：近年来，学生的身体发育有所提高，

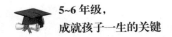
但是体质状况却在逐年下降。其中肺活量水平、体能素质持续下降，体能素质中的速度素质和力量素质连续 10 年呈明显下降趋势，而耐力素质则连续 20 年下降。这一结果令人瞠目，这也说明如今学生体质健康方面存在的巨大问题已经严重影响到我国人才培养质量，必须引起高度重视。

体育锻炼对于孩子们来说，不仅能够增强体质，也可以放松身心，使手脑协调更加灵活。通过体育活动，孩子还可以培养克服困难、遵守规则、勇于拼搏等个性品质，调节心理与情绪的健康。经常进行体育锻炼，不仅有利于孩子的身体发育，还能帮助孩子以更好的状态进行学习。通常，学校都会开设体育课，但是一周两三个小时的锻炼时间显然是不够的。因此，课外体育锻炼就显得十分重要。那么，妈妈应该如何引导孩子进行体育锻炼呢？

方法一：严格作息时间，养成良好的作息规律

妈妈应该让孩子养成规律的作息习惯，并且每天抽出一定的时间进行体育锻炼。比如，在晚饭后固定一个小时锻炼，以及在周末去户外或者体育馆进行体育锻炼等。这样形成固定的生活规律，能够使孩子在大脑皮层中逐步建立起稳固的体育锻炼兴奋点，从而树立起自觉锻炼的意识，成为孩子受益终身的习惯。

方法二：在家庭中形成良好的体育锻炼氛围

如果家庭成员有锻炼的习惯，那么孩子也就能和家人一起参加锻炼。比如，爸爸喜欢打篮球，那么孩子也可能会喜欢上篮球；如果家人习惯晚饭后在小广场锻炼一下身体，那么孩子也可能喜欢和家人一起去。另外，根据调查显示，女孩比男孩更不爱体育锻炼。因此，妈妈要更有耐

心地引导女儿进行体育锻炼。当然，除了要让孩子明白体育锻炼的重要性外，为了激发孩子锻炼的兴趣，妈妈还可以给孩子提供必要的物质支持，比如孩子喜欢的运动服、运动器材等，以带动他们锻炼的积极性。

方法三：根据孩子的身体状况，合理安排运动量

大部分孩子进行体育锻炼，只是为了锻炼身体，提高身体素质，并不是进行专业训练。因此，家长一定要给孩子安排适宜的运动量，锻炼时间不宜过长，锻炼内容可以多种多样，比如将跑、跳、投掷、体操以及游戏等各种活动结合起来。如果孩子对某一方面特别感兴趣，妈妈可以让孩子适当加强这方面的锻炼，如果孩子想在某方面有所发展，那么妈妈应该给孩子寻求专业方面的指导和训练。

方法四：和老师进行沟通，让孩子有足够的时间进行体育锻炼

孩子进入 5~6 年级，随着学习压力增大、作业繁重，自然就会减少体育运动时间。但是，对那些身体素质非常不好又急需体育锻炼的孩子来说，妈妈应该主动与老师进行沟通、交流，让老师尽量减少孩子的作业量，留出一定的体育锻炼时间，以增强孩子的体质。

习惯四：思考，思考，再思考

有一天深夜，诺贝尔奖获得者、物理学家卢瑟福教授到实验室巡查，发现实验室里还有一名学生在做实验。教授询问道："你白天在做什么？"那名学生答道："在做实验。""那么晚上

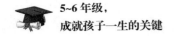

呢？""还是在做实验。"学生本来以为自己这样的回答会得到教授的表扬和赞赏，谁知教授却严厉地责问道："你整天都忙于做实验，哪有时间进行思考？"学生哑口无言。这番话对学生而言，简直是醍醐灌顶。

学习，不仅要付出努力，还要善于思考，这样才能更好地理解知识，并有所发现、有所创新，最终取得良好的学习成果。思考习惯的养成对于孩子思维方式的形成以及知识的积累起着非常重要的作用。现如今，越来越多的家长已经意识到让孩子学会思考的重要性。那么，妈妈在培养孩子敏锐的思考力时应该注意哪些方面呢？下面为大家一一介绍：

原则一：培养孩子独立思考的习惯

小学低年级，孩子思考的作用对学习成绩的影响还不是很大，一方面是因为孩子年龄小思考能力还比较弱，另一方面是由此阶段学业特点决定的。小学低年级的学习内容比较简单，一般只需要记忆基础知识就可以，但是到了小学高年级，学习内容越来越复杂，难度也越来越大，很多知识需要理解和运用。简单的死记硬背已不能保证孩子取得好的成绩，所以独立的思考能力对于知识的理解和运用就开始变得越来越重要。

只有进行独立思考，才能真正理解知识；只有进行独立思考，才能做到举一反三，融会贯通。爱因斯坦曾说："学习知识要善于思考、思考、再思考，我就是靠这种学习方法成为科学家的。"由此可见，爱因斯坦之所以成为 20 世纪最伟大的科学家与他善于思考的习惯是分不开的，他强调"发展独立思考和独立判断的一般能力，应当始终放在首位，而不应当把获得专业知识放在首位"。

对于 5~6 年级的孩子来说，在学习中养成独立思考的习惯不仅要求孩子在课堂上积极回答问题，还要养成独立完成作业的习惯。孩子做作业的时候，是进行独立思考的最好时机，但很多孩子在做作业的时候却过度依赖答案或是家长和同学的帮助。很多妈妈为了监督孩子写作业，经常陪在孩子身边，长期这样很容易影响孩子独立思考习惯的养成。孩子一遇到难题就会询问妈妈，而妈妈看到孩子做得不对的题目就会打断孩子的思路进行讲解，这样一来孩子哪里还有机会进行独立思考。因此，妈妈在培养孩子独立思考的学习习惯时，应尽量让孩子独立完成作业，除非有必要，妈妈再来帮忙。

在辅导作业时，妈妈可以根据一道题，从多个角度对孩子进行提问，让孩子对题目了解得更为透彻，这样也能培养孩子多方面思考问题的能力。妈妈还应支持孩子的各种质疑、想法或是创新探索实验，这些求证、研究、探索都是孩子在对知识点进行独立思考，对其知识的积累和思维的发展有着重要的作用。

原则二：引导孩子在为人处世方面进行正确的思考

孩子在 5~6 年级时，自我意识变得越来越强，对很多事情都有自己的思考和判断。但是由于孩子的知识水平以及认知判断能力的不足，孩子的思考经常会出现偏差，因此妈妈不仅要让孩子形成独立思考的习惯，还要引导孩子进行科学的分析，从而做出正确的选择。

生活中，妈妈应该避免替孩子做决定、拿主意，而是要给孩子留出自己思考的空间和机会，引导孩子进行独立的思考，形成自己的判断。如果孩子的判断有些偏差，妈妈不能严厉指责，而是应该适当地给出一点儿提示，让孩子学会全面地考虑问题。经过这样的训练，孩子处理事

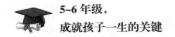

情的能力就会不断增强。

在平时，妈妈也可以尽量与孩子一起商量事情，让孩子参与到具体事情的决策中，还可以对一些所见所闻向孩子提出问题，让孩子进行思考，再做回答。比如，平时生活中也可以多问问孩子"你是怎么想的""如果是你，你会怎么做""他这样做，对吗"之类的问题。在参观博物馆看见各种化石时，妈妈可以问问孩子"化石是如何形成的""如果恐龙复活，地球会变成什么样子"等，从而拓展孩子的思维，激发孩子的想象，让他由好奇转变为独立的思考与探索。另外，妈妈还应该让孩子学会听取不同的意见。这个阶段的孩子，往往只顾着说出自己的想法和看法，缺乏耐心或是没有意识听取别人的意见，这样就容易造成目光短浅，见解片面、主观，所以需要引起妈妈们的重视并加以引导。

习惯五：自我管理，学会约束

自我管理是一个人对自己的心理和行为进行管理、组织、监督、评价和反省的过程，其核心是"自我"，即要靠自己内在的积极性去进行管理，而不是靠外力或是外人进行管理。一个人究竟能取得多大的成就，主要是靠自己进行自我管理，管理自己的目标，管理自己的言行，管理自己的梦想。所以，自我管理是一个人实现自己梦想的重要条件。

自我管理的习惯应该从小培养，随着孩子年龄的增长、能力的提高、活动范围的扩大，他会逐渐意识到需要管好自己，也就是自我管理。但是，许多孩子由于经验太少，缺乏自我约束的意识，在自我管理上往往表现得不尽如人意。加上很多家长认为孩子年纪小，还没有独立处理事情的能力，不仅不让孩子参与家庭和社会上的事务，就连孩子本身的事情也会大包大揽。从穿衣吃饭到学习生活再到人际交往，家长从来不肯也不愿意对孩子放手，这样的问题在中国表现得尤为明显。

为此很多专家认为，中国孩子的问题不是智力问题而是管理问题，大部分孩子由于缺乏自我管理的能力，一旦离开父母独自生活，他就无法很好地管理自己，成了名副其实的"小皇帝""小公主""小太阳"。小学 5~6 年级的孩子即将步入青春期，各方面的能力亟待锻炼与发展，如果父母对孩子不肯放手或是过多干涉，不仅会引起孩子的逆反心理，影响亲子关系，还会导致孩子自我管理能力变差，影响以后的发展。

美国哈佛大学曾经进行过一项研究，调查研究的对象是一群在智力、学习、环境等方面条件都差不多的年轻人，调查历经 25 年，在对这些人长期的跟踪调查后发现，那些目标具体、清晰的人，是最善于自我管理的人，几乎全部成为社会上的成功人士，而那些目标不清晰、不善于进行自我管理的人最后都成为中层或下层的人。富有远见的父母应该注重培养孩子的自我管理能力。总结起来，孩子自我管理的内容主要包括以下几个方面：

1. 生活上的自我管理

小学 5~6 年级的孩子在生活上应该具有一定的自理能力，比如整理衣服、叠被子，饭后洗碗、拖地等日常生活琐事，或是做饭、炒菜等较为复杂的劳动，孩子经常做这些力所能及的事，不仅能锻炼他们的动手能力，还能培养他们的劳动习惯。

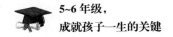

2. 学习上的自我管理

学习上的自我管理，不仅包括对学习物品、工具的整理，比如自己整理图书、文具盒，收拾书包和生活用品，还包括一些学习习惯的养成、学习方法的使用等，比如要严格要求自己专心听讲、认真做笔记、按时完成作业、细心进行检查等。

3. 情绪上的自我管理

情绪对孩子身心健康发展有着十分重要的作用，它直接影响孩子的身体健康。积极的情绪能促进孩子认知的发展，激发孩子活动的兴趣，并帮助建立良好的人际关系。而紧张、悲哀、抑郁等不良情绪则可能导致孩子的各种心理的疾病。无论成人还是儿童，不可能总是快乐无忧的，但是作为家长，无不希望孩子能够学会控制自己的情绪，使之向快乐的方向转化。但是 5~6 年级的孩子，正逐渐步入青春期，心理敏感、脆弱，情绪很不容易稳定，这也深深地影响了孩子处理事情的能力。孩子如果能够在情绪上进行很好的自我管理，那么就是成熟的标志，而且孩子在各方面的能力尤其是独立处理事情的能力也会有所增强。那么，妈妈应该从哪几方面入手，引导孩子更好地进行自我管理呢？

方法一：自我反省、自我认识

要想做到情绪方面的自我管理，最重要的就是要做到自律、自省和自我评价。只有自己严格要求自己，才能为了实现自己的目标而不懈努力；只有做到自省的人，才能认识到自己的不足和差距，从而更好、更全面地努力；只有做到正确的自我评价的人，才能量力而行，发挥出自己最大的实力。因此，自我管理时必须学会客观分析自己的优势和劣势，分清应该做的和不应该做的，知道自己能够做到的和暂时不能做到的，从而不断地完善和提高自己。

方法二：制订详细、具体的计划，按照计划行事

要想做到自我管理，就要确立目标，包括大目标、小目标、阶段目标等，除此之外还要有清晰的计划。有了计划，落实计划，才能有条不紊地学习，不至于眉毛胡子一把抓。为此，妈妈要帮助孩子制订切实可行的计划，支持并督促孩子执行这些计划，让孩子循序渐进地完成目标，从而取得不断的进步。

习惯六：立刻行动，绝不拖延

一位妈妈在网上发表了一篇文章，内容是关于最近她所遇到的一些烦恼：这些日子我过得真是异常艰辛。原因在于我那刚上小学5年级的儿子。这个学期开始，他经常完不成作业，老师找我沟通，要我找到孩子完不成作业的原因，并且监督孩子。我悄悄留意起孩子，发现他写作业的时候，很不专心，明明15分钟就可以做完的作业他却需要用2个小时。他一会儿出去倒杯水，一会儿要去上厕所，一会儿又去捣鼓他的小玩意儿。因此，我决定在一旁监督孩子写作业，当他开小差的时候，我就提醒他。但是这样的效果并不是很好，他依然磨磨蹭蹭。有时候我出去接个电话回来，发现他又把作业放在一边，不是抠手指就是玩文具。我压在心里的火一下子就冒上来了，好好教训了他一顿。挨揍之后，他边哭边写作业，看得我又

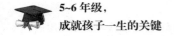
心疼。

　　每天晚上，监督他写作业就跟一场战斗一样，弄得我筋疲
力尽。我知道孩子心里也不好受，可是他写作业为什么就不能
快点儿呢？

　　这位妈妈的经历，相信很多妈妈都深有体会。有人说摊上磨蹭、拖拉的孩子，无疑是世界上最倒霉的事。其实，很多孩子都有拖拉、磨蹭的习惯，虽然我们不能武断地将其归于孩子的天性，但是做事拖拉、磨蹭却是很多孩子身上比较普遍的一个现象。比如，早晨闹钟响了半天，孩子还是赖在床上不起来；你叫孩子赶紧吃饭，孩子总是吃一口玩一会儿；你让孩子快点儿写作业，孩子却总是一边看电视一边写；你急着要出门，孩子却不紧不慢地穿鞋、穿衣……看到孩子不紧不慢的样子，很多父母一着急就会大吼大叫，自己心烦意乱不说，孩子仍然是我行我素。

　　孩子做事拖拉、磨蹭并不完全是性格上的缺陷，有些是有一定原因的。比如，孩子做事情不熟练，孩子时间观念差，孩子没有兴趣或是故意反抗，孩子因能力不够没有掌握科学的学习方法，家庭教育方式不当，遗传以及疾病因素等都是导致孩子做事拖拉、效率不高的原因。那么，如何引导孩子改掉做事磨蹭、拖拉的坏习惯呢？妈妈们不妨参考以下几点：

方法一：提高孩子的注意力

　　孩子若注意力不集中就会出现做事磨蹭、拖拉等现象，这是因为孩子年龄小，保持注意力的时间往往比较短，容易受到外界的影响。对于5~6 年级的孩子来说，注意力时间一般保持在 15~20 分钟左右，如果让他们连续学习超过 20 分钟，那么他们就该坐不住了，于是出现写一个字就会走神儿几分钟，做作业比较拖拉等现象。面对这种情况，妈妈首先应该理解孩子，不要因为孩子做事磨蹭而否定孩子，甚至责骂孩子。在学习上，妈妈不妨为孩子设置比较合理的时间段，让孩子学习 20 分钟再休息几分钟，这样劳逸结合才会让孩子的学习效率得到提高。

方法二：帮助孩子树立时间观念

孩子做事拖拉通常是没有时间观念的表现，因此妈妈不可忽视对于孩子时间观念的培养。

1. 向孩子灌输准时、守时的观念，给孩子一个明确的时间限制

妈妈应给孩子明确的时间限制，将"快点""抓紧时间"等话语换成具体的时间限制表述，如"只要你准备好，我们就可以出发了""离上学还有半个小时"等。这种简短的陈述可以让孩子更好地理解你的意思，而且这种正面预期形式的表述也能让孩子掌握使用时间的准则，对时间形成具体形象的概念和印象。

2. 让孩子自己管理自己的时间

让孩子为每天的生活和学习制作一个时间计划表，父母可以给孩子一定的参考意见，但是这张计划表一定要按照孩子的意愿来制作。另外，父母还要协助孩子执行计划表上的规定，但父母的监督不能超过孩子所能承受的范围。平时，父母可以与孩子多讨论计划表的执行情况，帮助孩子分析原因并给予孩子一些科学的建议。

方法三：用竞争的方法促使孩子做事讲究效率

孩子由于生活经验以及生活阅历的不足，往往很难感受到生活的压

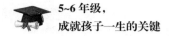

力、紧张以及激烈的竞争，因此在做事情时比较散漫，随心所欲。这时如果妈妈适当地为孩子营造一些紧张的竞争气氛，会促使孩子调整做事的节奏。尤其是对男孩来说，他们的好胜心强，喜欢竞争，乐于冒险和接受挑战。妈妈要善用孩子的这种心理，从而达到提高孩子做事效率的效果。

方法四：检查家庭教育方式与家庭教育环境，根据具体情况进行调整

家庭教育环境也会影响着孩子做事的习惯，有的孩子做事拖拉就是对家庭教育方式的软性对抗。如果出现这种情况，妈妈不要责问孩子，而是要耐心地倾听孩子的心声，和孩子一起探讨、协商，这样做才有助于提高孩子做事的效率。此外，妈妈如果过于宠爱孩子，凡事都不让孩子自己去做，孩子的动手能力就会很弱，也会出现做事拖拉、效率不高的现象。这就要求妈妈努力为孩子创造一定的劳动环境，让孩子参与一些家庭事务，教会孩子一些做事的方法和小窍门，从而提高孩子的做事效率。

习惯七：良好的阅读习惯让孩子受益一生

莎士比亚曾经说过："生活中如果没有书籍，就好像没有了阳光；智慧里没有书籍，就好像鸟儿没有翅膀。"我国自古流传着"书中自有颜如玉，书中自有黄金屋"的名句，读书可以让人成长，读书可以让人成才，读书可以丰富人生。养成良好的阅读习惯，一生有书相伴，这样的人生无疑是幸福的。

阅读习惯要从小培养，良好的阅读习惯可以让孩子受益一生，对孩子的学习有很大的帮助。有研究表明，儿童的阅读能力与未来的学业成功有紧密的联系，阅读能够开阔视野，增加各种知识储备，这对各学科的学习有着直接的帮助，会提升学科知识的理解能力和学科内容的分析能力。因此，在小学阶段就让孩子养成良好的阅读习惯、提高阅读能力是非常重要的。

尽管几乎整个小学阶段都是培养孩子阅读习惯的好时机，但是一般来说，小学低年级的孩子识字水平低、注意力持续时间短，可以阅读的书籍范围和内容都极其有限，读书在很大程度上要靠父母的帮助，难以完成独立阅读。而小学高年级的孩子随着识字水平的提高，这就为他们扩展阅读范围提供了可能条件，随着孩子知识的积累和学校教育的深入，阅读兴趣会更加广泛，这就为孩子扩展阅读的范围提供了内在的动力。而小学高年级孩子的智力水平获得空前发展，对知识的渴求增加，理解能力也达到了一定的高度，从而具备了进行课外阅读的能力，因此这时候，妈妈要格外注意培养孩子的阅读习惯。

然而现如今，孩子面对的诱惑和选择越来越多，而读书被视为一种枯燥无味的爱好，已被很多学生的抛弃。多项关于学生阅读的调查显示，现在的孩子大多喜欢刺激、新奇的东西，电脑游戏恰好迎合了孩子的这一心理特点，结果导致越来越多的孩子沉迷于电脑游戏，在电脑前一坐就是几个小时，根本没有心思进行课外阅读。还有很多父母，整天忙于工作，不仅自己很难坚持读书，更难与孩子一起读书，少了家庭环境的影响，孩子更是缺乏阅读的意识。所以说，在当今孩子的成长过程中，如果没有父母正确的引导，孩子几乎很难与书结缘。那么，妈妈应该怎

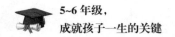
样引导孩子，才能让他们养成良好的阅读习惯呢？

方法一：培养孩子的阅读兴趣，让孩子产生阅读的需求

孩子只有对阅读产生兴趣，有阅读的需求，才有可能坚持阅读，并且养成良好的阅读习惯。因此，培养孩子的阅读兴趣，让孩子"想读书"，激发孩子读书的热情和积极性，是妈妈首先应该解决的问题。

其实，大部分 5~6 年级的孩子已经有了一定的阅读需求，只是因为自我控制能力不强，不会将这种需求形成习惯。如果家庭有读书氛围，那么孩子的需求很可能就被延续下来，进而发展成为兴趣。因此，妈妈应该在家中营造读书的氛围，让每一位家庭成员都将读书当成一种活动，潜移默化地影响孩子。妈妈还可以为孩子储备一些他们可能感兴趣的书籍，便于孩子在空闲时间进行阅读。在培养孩子读书兴趣时，妈妈一定要降低对孩子读书的教育期望值，不要单纯地为了提高孩子的成绩而读书，而是多为孩子选择一些他们感兴趣的、适合这个年龄段孩子阅读的书籍。比如，相较于让孩子读原版的四大名著，青少年版的四大名著反而更适合他们阅读，可以说在培养孩子阅读兴趣的时候，书籍的选择是非常重要的。

另外，还应该注意的是孩子想读书可能出于两种原因：一是想得到他人的赞扬或奖励；二是将读书视为一种需要，读书本身就是一种激励。将读书作为赞扬或是奖励的手段，这种情况在一开始读书的时候比较普遍，这时候妈妈不妨多对读书的孩子进行赞扬和鼓励，有助于孩子保持兴趣。养成读书习惯的孩子会将读书视为一种需要，这就是内在激励在起作用，但大部分小学高年级的孩子并没有完全形成读书习惯，他们的内在激励机制还没有完善。因此，妈妈应该通过外在的激励机制促进孩子内在的激励机制的形成，这也是培养小学高年级孩子读书习惯的重点。

方法二：指导孩子进行阅读，提高孩子的阅读能力

1. 阅读前，请为孩子精心选择读物

为孩子选择阅读书籍的时候，首先应该尊重孩子的自由和爱好，先让孩子自己进行选择。5~6 年级孩子的阅读应该以广泛阅读为主，因此大部分书籍都是合适的。妈妈不能将孩子的阅读局限于某一领域，但如果发现孩子阅读不良书籍就应该严肃指出。这个年龄段的女孩子往往喜欢阅读文学、故事等文艺类的课外书，而男孩子更喜欢阅读一些科普读物，妈妈可以适当引导孩子综合、全面地阅读。

2. 阅读时，给孩子一定的方法指导

在阅读的过程中，妈妈应该及时地给孩子提供一些阅读方法上的指导，包括如何选择有意义的书籍，如何制订读书计划，如何精读一本书，如何略读一本书，如何做读书笔记等。阅读计划是学习计划的一个方面，这个计划要尽可能的具体一些，比如列出每周需要阅读的书目和时间安排，给出完成计划后的奖励方案。需要注意的是，在书目的选择上妈妈要尊重孩子的意愿，具体阅读时间的安排也要根据孩子的实际情况制定。

妈妈还应该随时关注孩子的阅读计划，对阅读计划的完成情况及时给予客观的评价，如果孩子完成得好，就应该给予奖励。随着孩子自我评价观念的逐渐发展，奖励可以从物质性奖励向精神性奖励转变。如果孩子的阅读计划完成得不好，就要及时和孩子进行沟通，查看计划是否合理、书目选择是否合适、孩子是否付出努力等，分析原因，及时进行

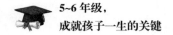
调整。

　　让孩子学会科学的阅读方法很重要，同样正确的读书方法对于孩子保持恒久的阅读兴趣也是十分必要的，而且正确的阅读方法本身可以将阅读固化为良好的习惯，成为孩子有效的学习方法和良好的学习习惯的一部分，从而帮助孩子读更多的书，获取更多的知识和乐趣。

第八章

5~6年级，孩子最应该具备的成功素质

领导力、自制力、交往力、掌控力、决断力等是一个成功者应该具备的能力，而家庭、学校以及社会的努力方向就是使孩子具备成功者的素质。为了让孩子在未来表现得更好，更加勇敢地迎接挑战，妈妈们需要从现在开始就为孩子能具备这些能力加码。

领导力：让孩子更好地面向未来

所谓领导力，就是指通过自己的人格魅力以及对他人性格能力的了解，在影响别人的思想和行为的基础上，组织协调其他人，很好地完成一项需要很多人共同努力才能完成的工作的能力。领导力并不是只有大人们才有，孩子在一些活动中也能表现出领导才能。儿童领导才能是指

在一个相对稳定的儿童群体中，由其中一个或者几个孩子组织并率领其他同伴共同完成某项活动的个性心理特征。

如果一个人在小时候就表现出极强的领导才能，那么这种能力会伴随着孩子的长大而逐渐提高。对于孩子来说，提高他们的领导能力，就是提高他们的自信心、增强他们的组织协调能力以及决策能力。这对孩子的未来发展有着非常重要的作用，必将使他们在未来的生活和工作中获益匪浅。

张教授组织了一次大型家庭旅游活动，参加这次活动的共有 6 个家庭带着孩子们一起去张家界旅游。到达张家界的第三天，他们已经将张家界的大部分景点参观完了。孩子们看见一座并不很高的山峰都想上去，但大人们见这座山峰并无特别之处，再加上几天的行程让大家的身体有些疲惫，就一致决定不上去了。孩子们都闷闷不乐，最后在大华的怂恿之下，6 个孩子给大人们留下了纸条，开始单独探险。几个孩子一边走一边采着野花、野果，不知不觉越爬越高，越走越远，后来孩子们发现竟然迷路了。快到中午的时候，孩子们还没有找到回去的路。他们开始害怕起来，其中敏敏和妮妮两个女孩子小声地哭起来，阳阳和丁丁也责怪大华，怪他提议单独行动。大华心里不服，说阳阳和丁丁就是胆小，是懦夫。

只有淙淙比较镇定，他分开吵架的大华和阳阳，然后安慰敏敏和妮妮，等大家情绪安稳下来后，说："考验我们的时候到了，我们一定要相信自己能够走出去，既要安全回去，让爸爸妈妈们放心，也要向大人们证明我们的能力。我记得我们住的地方有一条河，你看我们面前这条小溪应该就是流向小河的。我们先沿着小溪的方向走，看看能不能走回家。我在前面带路，阳阳保护敏敏和妮妮走在中间，丁丁和大华走在后面。大家要互相帮助，不要走丢了，万一发生意外一定要通知大家。"最后，在淙淙的带领下，6个孩子终于在快到山脚的时候看见了搜寻而至的大人们。大人们尽管很生气，但是好在孩子们都没出意外，提醒孩子几句之后就不予以追究了。在听完孩子们的叙述之后，张教授说："这次几个孩子能够安全回来，淙淙功不可没，而他的领导才能在这次探险活动中也充分地展现了出来。"

具体来说，领导力对孩子的影响主要表现在：

1. 促进孩子的社会性发展

与成人相比，孩子的领导力主要体现在孩子之间的交往和合作之中，这对孩子日后的人际交往有着非常重要的影响。

2. 丰富孩子的情绪、情感体验

孩子在带领同伴们完成一件事情的时候，需要完成很多小事情，他们需要探讨、确定目标，制订计划，商量、分配和协调人员，指挥和控制活动进程等。孩子在这一系列活动中扮演着提议者、说服者、组织者、决策者等许多角色，在这些角色中，孩子可以体会到不同的情感，锻炼不同的能力。

3. 使孩子的综合能力得到提高

同成年人的领导力一样，孩子的领导力也是各种能力的综合。在进行领导时，孩子的分析、决策、协调、组织、应变、创新以及语言能力

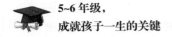
都将得到相应的提高。

那么，怎样才能提高孩子的领导能力呢？

方法一：让孩子学会独立

只有当孩子具有一定的独立生活的能力的时候，他才有可能在同伴中承担领导的责任。倘若孩子的依赖性非常强，就不会主动进行决策，也不会主动去协调和组织，更没有足够的能力成为领导者，只能是听从其他同伴的指挥，在队伍中也将处于依赖、被保护的位置。要想让孩子成为队伍中的"领头羊"，妈妈在日常生活中就应多锻炼孩子的能力，培养孩子的独立性，让孩子习惯自己思考、自主选择、自己做决定。

方法二：培养孩子的责任感

作为一个领导者，责任感同能力一样重要，责任感主要表现为一个人对自己、对他人，以及他在处理事情时的种种态度。因此，妈妈对孩子责任感的培养主要是对孩子为人处世的态度的培养。日常生活中，妈妈不仅要求孩子独立完成自己的事情，还要让孩子对自己的行为负责，对父母或者是他人以及群体活动中分配的任务要认真负责。

方法三：培养孩子成为领导者应该具备的几种能力

1. 决策能力

很多妈妈总是认为孩子年龄还小，所以习惯性地帮助孩子做决定，或是不让孩子参与到家庭事务中，一手包办孩子的种种事项，甚至包括孩子应该和谁玩、玩什么、怎么玩。其实，孩子在 3 岁左右的时候就已经能够感受到"自我"，此时的他们具有强烈的独立行动的愿望，并且渴望自己做决定。而一个好的领导者，必须具有良好的决策能力，否则他将难以带领大家完成任务，也很难服众。因此，妈妈在平时一定要注意培养孩子决策方面的能力，尊重孩子在价值判断以及兴趣选择等方面的自由决策的权利，多给孩子参与解决问题的机会，在尊重孩子的基础上给予一定的指导，从而提高孩子的决策能力。

2. 组织协调能力

领导者往往在群体活动中会充分行使自己的权力并且发挥自己的作用，因此组织协调能力是领导者必备的能力之一。孩子的领导力没有权力因素，成员之间也没有一定的规章制度加以约束，加上孩子因为年龄小而自带的情绪和性格上的缺陷，因此要想把孩子们组织起来，协调他们共同完成一项目标是十分不容易的事情。在锻炼孩子组织协调能力时，妈妈首先要教会孩子说服和劝服技巧，同时也要教会孩子处理危机和冲突的技巧。事实上，这些技巧都是孩子在不断地参加群体活动中积累起来的，父母要多给孩子提供机会，让他亲自操办活动，比如操办家庭节日晚会、宴请朋友、带队外出旅游等。

3. 创新能力

如果一个孩子具有很强的创新能力，那么他就很容易在同伴中脱颖而出成为一个领导者。具有创造力的孩子，发散思维能力强，不仅能够多角度、多方面地思考问题，而且还会提出一些比较有建议性的、创造性的观点和见解，有助于任务的完成。为了更好地提高孩子的创新能力，妈妈在平时要注意呵护孩子的好奇心、鼓励孩子多提问题、发现问题、解决问题，训练孩子的发散性思维。

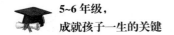

自制力：成就人生的支点

纪律和规则是我们生活、工作和学习过程中必不可少的组成部分，自律即要求我们自觉遵守社会规则和纪律，它可以让我们生活的世界变得井然有序，和谐安宁。因此，自律不仅关系到一个人的道德发展，也是人们获得生活、事业上成功的重要保证。

自律必须具备两个条件：一是对价值的内化，也就是对社会规范和道德准则的认同；二是技能上的获得。有研究指出，儿童的道德发展是一个从无纪律到他律再到自律的过程。孩子在小学低年级时，他们根本没有自律的意识，所言所行基本上是任性而为。但是到了小学高年级，孩子的心智得到了发展，开始认同一些常规要求和道德标准，意识到自己应该怎么做、怎样做才是正确的。但有些孩子会受其他因素影响，在行动上不能很好地控制自己，会表现出自律能力差的一面。如果大人对孩子稍加引导，孩子的自律能力就会得到明显的提高。

从某种程度上来说，自律就是成就人生的支点，如果孩子有比较强的自律能力，会在生活和学习上严格要求自己，会对学习成绩以及生活质量产生积极的影响。这将有助于孩子形成完善的人格、培养良好习惯和精神品质，从而安全、顺利地度过青春期，更好地走向未来。那么，有什么方法可以更好地提高孩子的自律能力呢？

方法一：给孩子灌输正确的价值文化

根据自律形成的第一个条件，父母首先要让孩子从心底对社会规范和道德准则产生认同。很多孩子正是因为在心中没有规则，所以才会产生任性妄为的心理，导致不能自律。针对这种情况，父母必须有意识地让孩子了解日常生活中的种种规则，比如在学校应该遵守的规则、在家里应该遵守的规则、对待他人应该遵守的规则、在公共场所应该遵守的规则，等等。在孩子触犯规则的时候，妈妈还要孩子给出一个合理的解释，选择恰当的方法对孩子进行小惩戒，让孩子对一些规则产生明确的认知。这样，孩子在行动之前，肯定会用心中的规则进行衡量，久而久之，就会产生自律意识。

方法二：让孩子掌握一些自我控制的技能

有的孩子虽然对规则以及自律都有一定的认知，也知道自己应该进行自律，但很多时候还是不能很好地约束自己。为此，妈妈可以从以下几个方面帮助孩子：

1. 做孩子自控的榜样

孩子的自律是需要榜样的，一个缺少自律的妈妈，必须先增强自己的自制力才能帮助孩子培养自制力。在日常生活中，假如妈妈一到周末就赖床，那么孩子就有可能也学着赖床，并且慢慢地在除了周末以外的时间也赖床；妈妈忙起来忘记收拾房间，那么孩子的书本文具也会乱堆乱放。

2. 延迟孩子对需要的满足，帮助孩子抵制欲望

妈妈不要总是在第一时间就满足孩子提出的要求，尤其是孩子提出的一些不甚合理的要求，更应该慎重对待。比如，孩子看到一款本季大热的篮球鞋，非常喜欢，提出要买的时候，妈妈不要因为孩子喜欢或是软磨硬泡就答应了。不妨和孩子讲讲条件，比如等他生日的时候再买给

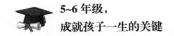

他，或是当他取得一定的成就时再买给他。这样，不仅会让孩子懂得付出才会有收获的道理，还会让孩子学会节制。

3. 与孩子协商，订立规则

孩子的自制力差通常是因为没有什么具体的规则对孩子进行约束和限制，妈妈可以在征求孩子同意的情况下，给孩子订立规则，比单纯的要求和说教会更有效果。

4. 严格按照制定的规则执行

规则制定出来就必须执行，否则一切都是空谈。因为规则是孩子和妈妈一起协商后制定的，倘若孩子执行不下去，可以按照规则给孩子一些惩戒。

5. 让孩子学会自我反省

自我反省与自律有着很大的关系。倘若孩子有自我反省的习惯，那么他们离自律也就不远了。自我反省是让孩子认识到自己的错误和不足，从而时刻鞭策自己，及时修正自己的心态，促使自己在未来能够自律。

方法三：增强孩子的责任感

孩子对自己要求懈怠，不能够随时约束自己，通常是因为对自己、对他人，以及对社会没有责任感。孩子在学习上不能约束自己，根源在于孩子对自身的责任没有认识清楚，而孩子在公共场所不能约束自己的言行，是对他人不负责的表现。因此，妈妈加强对孩子责任感的培养对孩子提升自我约束力有很大帮助。孩子心中对自己、对父母、对他人、对社会有了一份责任感，就会坚定决心尽力达成自己的目标和愿望，进而更好地完善自己。

交往力：让孩子成为受人信任的人

卡耐基曾经说过："一个人的成功，专业知识只占 15%，而人际交往能力占 85%。"也就是说，交际能力是一个人获得成功的一项必备能力，孩子的交际能力对他未来的生活和发展影响重大。

交际能力对孩子的身心健康发展有着重要的作用，善于交际的孩子能够从容地与同伴、长辈，甚至是不熟悉的人交往。在与人交往的过程中，孩子锻炼了自己的能力，丰富了自己的情感，促进了社会性的发展。如果孩子从小就善于交际，与人交往时表现得落落大方、彬彬有礼，那么当他进入社会以后，这项能力也会让他在生活和工作中变得游刃有余。

对孩子来说，交际能力通常体现在与同伴之间的交往中。尤其是到了小学 5~6 年级，孩子已经有了明确的友谊需求，渴望与人交往，并期望自己能够在朋友圈中成为领导者。但是由于他们的心智发展并未成熟，在处理人际关系时远不能像成人那样考虑全面，孩子们之间经常会发生一些小的摩擦、冲突。

比如，生活中，我们经常会听到这样的话语："我是老大，你们都应该听我的。""我再也不和他玩儿了！""我们绝交！""你不要找他去玩了，他太讨人厌了！""咱们找机会收拾他一顿！"……这些都是性格强势的孩子在人际交往中的惯常表现，尤其是男生，他们在群体中表现得霸道，总是以自我为中心，攻击性强，经常与周围的人发生冲突。

也有一些孩子则完全相反。他们在人群中总是处于"最后一排"，默默不语，不喜欢和人交谈。这些孩子不仅在与同龄人的交往中表现出这样的行为，在与成人之间的交往中也会有类似的表现。孩子在人际交往中出现这些不利于身心发展的行为，其实与家庭教养方式有着很大的关系。也就是说，妈妈完全可以通过选择适当的家庭教养方式来培养孩子良好的人际交往习惯，提高孩子的人际交往能力。以下是给妈妈的一些建议：

方法一：不娇纵孩子

孩子之所以形成霸道无理和害羞内向的性格与妈妈的宠爱、溺爱有着很大的关系。有的妈妈常常将孩子表现出的没有礼貌以及霸道的行为归于孩子天真的表现，对其一笑而过，默许孩子的这种行为。有的妈妈害怕自己的孩子吃亏，经常鼓励孩子去争去抢，这就给了孩子错误的暗示，会让孩子的人际交往产生问题。

还有一些父母认为孩子还小，没有将他们当成一个独立的个体来看待，因此在人际交往的教育中忽视孩子的需求，当孩子表现得害羞、内向的时候，也只认为这是孩子正常的反应，并且想当然地认为孩子长大后自然就会开朗起来。但是孩子缺乏独立面对外人的经验，怎么可能在一夜之间长大呢？因此，提高孩子的交往能力，妈妈一定要转变自己的错误观念，为孩子创造民主、和谐的家庭环境，让孩子在人际交往中端正自己的态度。

方法二：重视礼仪教育

人际交往中最重要的一点就是要注意礼仪的培养，妈妈应该在孩子小的时候就对其进行礼仪教育。一个懂得礼仪的孩子往往能够尊重对方，并且乐于助人，这对孩子人际关系的培养有着重要的影响。

方法三：鼓励孩子多参加集体活动

集体活动对于提高孩子的人际交往能力有着十分重要的帮助，因此妈妈一定要多为孩子提供这样的机会。比如，多让孩子参加一些体育活动，多让孩子带同伴来家里做客，以及参加正规的夏令营活动等。妈妈在孩子参加集体活动之前，除了告诉孩子防范危险、保护自己外，还应告诉孩子在活动中应该注意的一些交往事项，让孩子学会团结合作、友爱助人，同时对孩子与同龄人之间的交往表现要及时地给予鼓励和表扬。除此之外，妈妈还应该注意加强孩子与成年人之间的交往，比如在家里来客人的时候、外出到别人家做客的时候、遇到熟人的时候都要注意引导孩子与成年人打招呼，慢慢培养孩子的交际能力。

方法四：鼓励孩子勇于展现自我

一个孩子是否善于展示自己，对其社交能力的培养尤为重要，妈妈要引导孩子进行自我推销。孩子在推销自己的时候，表现出来的善良、尊重以及自信会让他收获更多，也是他最难忘的经历。因此，妈妈要多带孩子参加一些社交活动，让孩子勇于展现自我，推销自我，增强人际交往的能力，培养孩子的自信。

掌控力：开发孩子的"经济头脑"

巴菲特是全球最富有的人之一，被称为"世界股神"。他在

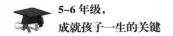

8 岁的时候就已经开始阅读股票方面的书籍，在 11 岁的时候购买了第一只股票，此后便正式开启了"股神"的投资传奇。这个天才投资家一直这样说：自己很遗憾没有再早一些从事投资理财。

大多数在商业上有所建树的人从小便开始理财，孩子的理财教育也是西方教育的一项重要内容。西方的教育理论认为：3 岁的孩子已经萌发了花钱的念头，他们头脑中已经对钱有了初步的理解，因此 3 岁的孩子就可以接受经济意识的教育了。不同年龄的孩子对钱的认识是不同的，3 岁的孩子开始辨认钱币；4 岁的孩子已经会使用金钱，懂得用钱来购买一些东西，比如自己喜欢的零食或是需要的文具等；到了 5 岁的时候，孩子对钱有了更深刻的认识，他们知道钱是一种劳动报酬形式，可以用劳动换得钱币等，比如有的孩子非常乐于帮妈妈去便利店买东西，因为剩下的钱妈妈往往就会给孩子作为"跑腿费"。而七八岁的孩子，对商品的价格标签有了一定的认识，会充分考虑自己的购买力，八九岁的孩子开始懂得储蓄或是理财，能够为自己制订用钱计划。十一二岁的孩子对商品的价格和质量有了更加深刻的认识，他们完全可以从众多商品中挑出物美价廉的商品，也懂得赚钱的不容易。到了十三四岁，孩子对钱的理解已经接近成年人了，很多出色的商人都是在十几岁时赚得自己人生的第一桶金。

相比国外的财商教育系统，中国很多家长往往只会给孩子零花钱，很少会教孩子如何支配金钱。稍有点儿远见的家长会给孩子开一个储蓄账户，把孩子的压岁钱、零花钱储存起来，防止孩子乱花。俗话说"君子爱财，取之有道"，如果不让孩子从小就明白什么是金钱，那么孩子又怎么能够真正理解金钱。如果孩子控制不住自己的好奇心，做出取之无道、用之无方的事情，家长再后悔就来不及了。

5~6年级的孩子已经知道金钱可以换来很多东西，比如可以换来漂亮的衣服、新潮的电子产品，或是请同学吃饭等，这对于孩子来说简直是美妙无比的事情。在这种情况下，家长如果不对孩子进行正确的金钱教育，给予正确的引导，那么孩子很可能会对金钱形成错误的认识，养成铺张浪费、小偷小摸等恶习，甚至还可能走上犯罪的道路。

培养孩子理财的习惯，让孩子有一定的理财意识，是孩子日后走向社会获得生存能力以及财富的基础。对孩子进行金钱教育，让孩子具有一定的理财观念，他们才能更好地支配金钱、提升自己的价值，而不是让金钱支配自己的人生。

从现代家庭教育来看，培养孩子具有"经济头脑"不仅是一种生存教育，也是一种素质教育。生活实践也证明，那些经济上能自立、不依赖父母的年轻人，无论是在学业上还是在事业上都能发展得很好。因此，使孩子具有一定的"经济头脑"是适应时代的需要，又可以增强孩子对社会的认识和感受能力。为此，妈妈可以从以下几方面入手：

方法一：引导孩子形成正确的金钱观

让孩子有经济头脑，首先要让孩子有正确的金钱观，既要让孩子认识到金钱的重要性，也要让孩子认识到金钱的局限性和工具性。其次，妈妈要引导孩子正确消费，形成正确的花钱、算账的观念，逐步养成良好的生活习惯。比如，生活中孩子需要购买东西时，家长可以告诉孩子哪些该买，哪些不该买，哪些买了划算，这样可以使孩子从小学会正确用钱。最后，要让孩子懂得"金钱来之不易"的道理，让孩子正确认识

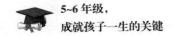
钱的作用和地位，懂得珍惜父母的劳动成果，不奢侈浪费，养成勤俭节约的好习惯。

方法二：教孩子正确使用金钱

对于 5~6 年级的孩子来说，如果能够做到正确地使用和支配金钱，才能更好地理解金钱的价值。国外教育专家将如何支配金钱总结成五个 W：为什么去买（why）、买什么（what）、什么时间去买（when）、到什么地方去买（where）、什么人去买（who）。

第一，为什么去买（why）。如果孩子说不出买的理由，或是理由不正当，那么妈妈就要加以阻止，这就要求妈妈要关注孩子零花钱的花费动向。第二，买什么（what）。告诉孩子什么该买、什么不该买很重要，尤其是在孩子小的时候，限制孩子的购买范围是很重要的。第三，什么时间买（when）。应该向孩子说明按照一定的重要性安排购物活动，重要的先买，暂时不用的稍后再买。第四，到什么地方去买（where）。一般来说，孩子的学习用品可以到一些小市场去买，不要让孩子养成买什么东西都是名牌的习惯，以免产生攀比、虚荣的心理。与此同时，要注意不要让孩子到卫生环境不好的地方吃东西，或是购买一些卫生不达标的食品。第五，什么人去买（who）。孩子因为年龄小，因此在购物地点以及购物种类上一定要注意哪些是孩子自己能做到的，哪些是需要家长陪同购买的，注意孩子的购物安全。

方法三：适当地向孩子介绍金融投资方面的知识

逢年过节、过生日，长辈或亲友送的压岁钱、贺礼等，这些钱累积起来也是笔不小的数目，很多妈妈都自然而然地将这些钱收归自己所有，这让孩子多有怨言。其实十几岁的孩子，是非常渴望拥有金钱的，即使是存起来，他们也希望是在自己的名下。因此，妈妈首先不能以孩子小为借口，将这些钱据为己有，而是应该与孩子商量如何存放这些钱会更好。如果数额巨大可以引导孩子把钱存到银行，进行储蓄存款，以增加孩子的金融知识。等数额到一定程度的时候，妈妈还可以与孩子一起研究基金、国债等风险较小的投资方式，让孩子自己计划管理，体验理财的滋味。

如果孩子在此方面表现出浓厚的兴趣，那么不妨让孩子多接触些这方面的知识，比如参看专业书籍，或是与银行理财师进行交流等。同时，允许孩子用自己的金钱进行尝试，没准你的孩子就是下一个"巴菲特"。

决断力：明辨是非，当机立断

决断力是一个成功者应该具备的能力，人生是由无数个选择构成的，有的选择会让你终成大业，万古流芳，而有的选择也会让你"一失足成千古恨"。每个人手中都握有失败的种子，同时也握有走向成功的钥匙，走哪条路全靠我们自己的分析、决断。如今高速发展的社会，更要求我们必须具有遇事果断处理的能力，这样才能使自己立足于成功人生的基础之上。

科学研究证明，幼儿时期做决定的能力会影响孩子的一生，而善于做选择和决定的孩子，则具有更强的判断力和决断力，这样的孩子思想更加成熟，在未来的把握上也更自信，表现也会更出色。让孩子做决定不仅是尊重孩子、信任孩子的表现，同时也是锻炼孩子能力的方式。决

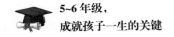
断能力是应该从小培养的一种能力。那么，妈妈应该从哪些方面对孩子进行引导呢？

方法一：尊重孩子的意见，让孩子自己做决定

对孩子决断力的培养，更多的是对孩子自主独立意识的培养，这种培养通常体现在日常生活的小事中。妈妈必须给孩子一定的自主决定的权利，哪怕是很小的一件事情可以尝试着让孩子自己决定，让孩子获得极大的满足感，锻炼孩子的决断能力。如果，妈妈平时就重视对孩子决断力的培养，那么势必能赢得孩子的尊重，也会给孩子一个更加自由发展的空间。

方法二：鼓励孩子进行尝试，教孩子树立信心

有的孩子是因为无法认识到自己的潜力和能力，导致对自己不能认可而无法做出决断，也有的孩子是因为害怕做出决断后会出现不好的后果而变得犹豫不决。对于前者，妈妈要帮助孩子打气，让孩子相信自己的实力，抓住稍纵即逝的机会；对于后者，妈妈则要告诉孩子，决断可能会有对有错，选择也会有利有弊，只要端正自己的心态，尽量做出对自己、对事情有利的决定就是成功，总是徘徊在两件事之间犹豫不决，那么他将一件事情也做不成。

方法三：引导孩子做出正确的决断

很多妈妈担心孩子盲目地做决定，因而总是迫不及待地替孩子做主，她们怕孩子由于冲动做出错误的决定而产生不良的后果。其实，这种粗暴干涉甚至包办代替，会使孩子产生挫败感，甚至还会激起孩子的反抗。

因此，正确的做法应该是妈妈以一个建议者的身份进入决策之中，当看见孩子的决策有些偏差的时候，认真、耐心地为孩子分析原因，权衡利弊，并且提前告知孩子可能发生的后果，强化孩子的风险意识，在孩子权衡比较做出决定后，让孩子做出一定的保证。这样才有可能将孩子偏差的决定调整过来，并让孩子做好心理准备，应对可能出现的问题和挫折。

方法四：教孩子正确面对并处理由于决断不利而带来的后果

谁也无法保证决断最终带来的结果是好的，尤其是孩子的决断。因此，妈妈必须要教会孩子正确面对决断之后发生的种种不利情况。一是告诉孩子一些决断可能带来成功，这时他需要的是更加小心谨慎地做出下一步的决断；二是告诉孩子有些决断可能会带来失败，而让孩子做好承担决断失败所带来的后果的准备。

如果决断失误，妈妈首先要注意安慰孩子，不能落井下石，同时还要积极地为孩子提供帮助，协助孩子采取补救措施，然后引导孩子从中吸取经验教训。如果有的孩子在经历失败之后，很难提起勇气再次进行决断，这时候妈妈不应该收回让孩子自己做主的权利，而是要继续鼓励孩子进行决断，这样才能真正促进孩子的成长。

第九章

5~6年级，送给孩子一生最好的礼物

5~6年级是孩子成长的重要的转折时期，在这青春期的序曲中，孩子在生理和心理方面都发生着极大的变化，处于成长阶段的他们需要太多的关心和照顾。妈妈送给孩子一生最好的礼物，就是让孩子做最好的自己，具有强健的体魄，拥有美好的心灵，展现独特的个性，收获多样的能力，这样才能拥抱完美的自己。

5~6年级，做好孩子的营养保健师

初入小学的孩子不管是在生理上还是心理上都保持着幼儿期的特点，但是临近毕业的小学高年级的孩子则即将进入青春期，他们的身体已经到了发育的高峰期，生理系统迅速发展，主要表现在：

1.身高、体重随着年龄的增长而增长，5~6 年级时孩子进入第二个发育高峰期，骨骼、肌肉的力量也在迅速增强。

2.10 岁以前是动作机能发展的关键期。

3.脑重量迅速增加，孩子在 12 岁时的脑重量已接近成人水平，大脑皮层的发育也逐步完善。

所以说，5~6 年级的孩子正处于身体生长发育的旺盛时期，体内新陈代谢的速度加快，因此对各种营养的需求量增大，甚至是高于成年人。而这时候孩子的心理状态还不稳定，学业任务逐渐加大，加上小升初的考试压力，他们对身体素质的要求和营养保健的需求也相应变大。

在这个关键时期，妈妈必须格外关注孩子的身体发育，从孩子的身体需求出发，为孩子提供各种营养，采用各种保健措施，保证孩子体格和智力的正常发育，为其一生的健康奠定良好的基础。

那么，在孩子的营养保健方面，妈妈应该注意哪些问题呢？

一、性别不同，饮食问题不同，需要注意的方面也不同

进入小学高年级，由于男孩、女孩的身体发育速度和身体发育特征都不同，他们对营养的需求也不相同。这个阶段的女孩已经有了美的意识，希望自己能拥有苗条的身材，修长的双腿，细细的腰身，以及丰满的胸部，很大一部分女孩比较注重体重的控制。有的女孩甚至会有意识地减少饮食量，或是只吃一些低热量的食物，繁重的学业只会让她们的饮食变得很不规律。而这个阶段的男生则希望自己的身体尽快发育，在他们眼里较为宽阔的肩膀以及粗壮的手臂是力量的象征，期望拥有较多的肌肉和挺拔的身材，他们会更加青睐蛋白类、肉类等能够快速增加体重的食物。

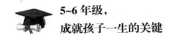

为此，对于这个阶段孩子的饮食，妈妈应该注意以下几个方面：

1. 进食时要细嚼慢咽，吃饭时少喝水

食物吃得太快会加重肠胃的负担，导致消化吸收障碍，甚至引起胃肠疾病；吃饭时喝很多水会冲淡胃中的消化液，妨碍食物的消化吸收；饭前喝水会降低食欲，所以这些误区都要尽量避免。而饭后喝适量的蔬菜汤或牛肉汤等，对增长身高比较有利；在愉快的气氛中进食，大脑的中枢神经也会变得积极活跃，促使循环系统和其他器官积极配合消化系统的功能；饭后让大脑和全身都休息一下，有助于食物的消化和吸收，这些细节则需要孩子们努力做到。

2. 对垃圾食品说"不"

油炸食品、膨化食品、腌制食品、罐头类食品因为味道符合青少年口味，所以很受孩子们的喜爱。这类食品在制作过程中营养损失大，又使用了各种添加剂，如香精、防腐剂、色素等，虽然它们提供了大量热量，但蛋白质、维生素等营养成分却很少，长期食用这类食品不仅容易导致儿童营养不良，还会引起肥胖等疾病，对青少年的身体健康十分不利。

3. 少吃糖果，少喝饮料

吃糖过多会影响体内脂肪的消耗，造成脂肪堆积，还会影响钙质代谢。一些专业人士认为，吃糖量如果达到总食物量的16%~18%，就可使体内钙质代谢紊乱，妨碍体内的钙化作用，影响孩子长高。孩子过量饮用含糖多的饮料，会让消化系统紊乱，影响正常进食，进而造成营养不良。所以，妈妈们也要引起重视，让孩子少吃甜食，少喝饮料。

4. 盐分高的食品要尽量少吃

各种腌制食品、香肠以及熏肉所含的盐分往往较高，加上又是熏制食品，对胃肠黏膜有较大的刺激性。而且，这类食品中维生素含量很低，对孩子成长非常不利，妈妈应尽可能地让孩子减少摄入此类食物。

二、预防常见疾病，养成良好的饮食习惯以及卫生习惯

在这个阶段，近视、肥胖等是孩子们最常见的疾病，妈妈们要切实做好孩子的防护工作。近视多与孩子学业繁重、不良的坐姿以及贪看电视有关，妈妈在这些方面应该加强对孩子的引导与预防。此外，妈妈还要让孩子养成良好的书写习惯，时常做眼保健操。如果孩子是假性近视，妈妈就要及时带孩子去接受专业的治疗，有针对性地进行矫正和预防；如果孩子已经形成真性近视，那么妈妈们就要给孩子及时配戴眼镜，从而降低孩子近视度数上升的可能性。

肥胖多与不良的饮食习惯和缺乏运动有关，妈妈必须从这两个方面预防孩子的肥胖症。除了要预防疾病外，让孩子养成良好的饮食、生活、卫生习惯，有助于减少疾病的发生。

三、关注考生的营养

面临着小升初考试的孩子，压力自然是非常大的，而妈妈也希望孩子能够保持最好的状态备战考试，迎接挑战，这就需要科学合理地安排孩子的膳食。为此，妈妈们可以关注以下几个方面：

1. 保持正确的心态

有的家长认为孩子多吃一些能够帮助记忆或是安神醒脑的食品，就能变得特别聪明、考试多考几分，其实这种想法是非常不对的。合理营养为的是让考生保持最佳的应试状态，同时防止在非常时期生病，如果盲目地补充保健品，可能会给孩子身体造成一定的影响与副作用。

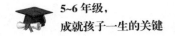
2. 营养的补充应该均衡

均衡的营养首先要保证热能充足，其次蛋白质要充足。优质蛋白源于鸡、鸭、鱼、蛋、奶等动物性食品，同时豆类食品也富含蛋白质，一天的膳食要均衡摄入这些食物。此外，维生素也要补充充足，维生素主要来源于新鲜的蔬菜、水果和杂粮。最后，无机盐类矿物质的摄入也要均衡，如锌、铁、镁、硒等，这些主要来自各种豆类、动物内脏和杂粮等，这类矿物质有利于提高记忆力和免疫力。总之，妈妈每天要确保孩子摄入多样化的食物，进食要适中，不能让孩子养成偏食、挑食的坏习惯，这样会导致营养失衡，从而影响身体的健康发育。

3. 尽量做饭给孩子吃，并且烹调手法要多样化

很多父母由于平时工作繁忙，使孩子经常在外面用餐或者叫外卖。这样不仅不能让孩子摄取到足够的营养，食品卫生也无法保证，而且还容易造成身体疾病。在学生的备考期间，妈妈千万不能这样做，应尽量为孩子准备营养均衡的饭菜。在烹调方面，为了让孩子吃起来更有胃口，妈妈最好能多花一些心思，煎、炒、烧、炸搭配起来，避免品种过于单一。同时，在菜品的颜色上，要做到多样化，尽量搭配得有新鲜感。此外，荤素、咸甜也要搭配合理，为孩子提供健康、丰盛、卫生的饭菜。

有效沟通，建立亲密的亲子关系

几乎所有的家长都有一个共同的心愿，就是希望能够读懂孩子的心，知道孩子在想什么，然后尽己所能地去帮助孩子，希望孩子能够明白自己的良苦用心，更听话、懂事一点儿，亲子之间的关系变得更加融洽、和谐。然而，这一切美好的愿望都依托于亲子之间的有效沟通。与孩子进行有效沟通，建立亲密的亲子关系，对于孩子的健康成长有着重要的影响。对于5~6年级的孩子来说，尤其需要与父母之间多一些沟通，这样才能从父母那里得到丰富的人生经验，获得科学的人生指导。但现在很多家庭的现状却是很多孩子与父母的沟通并不顺畅。

有一位妈妈这样感慨："现在我与孩子的交流越来越难了，别说是沟通，就是正常地说话都很困难，孩子对我说的话经常是敷衍几句就了事，根本不愿意和我多谈。"为什么会出现这种情况，这位妈妈与孩子亲子沟通的问题究竟出在了哪里？

其实这个阶段的孩子，心智发育还不成熟，而妈妈作为孩子的引导者、教育者，自然在亲子沟通中占主导地位。所以，亲子沟通如果出现不顺畅的问题，妈妈首先要在自己身上找原因。比如，妈妈在亲子沟通中是否扮演了错误的角色，或者沟通的态度正不正确，有没有讲究沟通的技巧等。

具体地说，亲子沟通的障碍通常表现在以下几个方面：

1. 沟通内容上"唯学习论"

很多妈妈与孩子聊天时，经常会将所有的问题都与孩子的学习成绩挂钩。无论什么事情，最终都会引到学习上，这样就会引起孩子的反感。对于这个阶段的孩子来说，学习成绩本来就是一个敏感的话题，如果妈妈总是用这些话题刺激孩子，孩子当然会表现得不合作。

2. 沟通缺乏诚意

沟通是建立在平等、尊重的基础之上，但是很多妈妈跟孩子聊天时，总是想要树立自己的威严，迫使孩子服从自己的意志。如果妈妈经常使用这样的沟通方式，那么孩子就会对妈妈产生畏惧心理，或是反抗情绪，

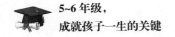
从而让亲子关系产生隔阂。当沟通的天平失去了尊重和平等的砝码，当然就无法发挥沟通的功效了。

3. 没有使用恰当的沟通技巧

很多妈妈在亲子沟通的过程中，要么一味说教，要么一味打骂、斥责，一开口便否定孩子，这样的沟通，不仅不能达到引导孩子的目的，还可能会引起孩子的反感，甚至伤害到孩子的自尊心和自信心，影响孩子身心健康的发展。

那么，妈妈应该怎样做，才能让亲子之间的沟通更有效果呢？

方法一：妈妈学会积极地倾听孩子

> 儿子放学回到家，气愤地对妈妈说："我再也不和明明说话了！"妈妈看都不看儿子一眼，继续一边做家务一边说："你是不是又欺负明明了！明明成绩那么好，性格也好，肯定又是你欺负明明了！"儿子听妈妈这样说，更加生气："明明好，那你让明明当你儿子吧！"说完"嘭"的一声关上了房门。妈妈看见儿子这般发脾气，追到儿子卧室门口，拍着房门说："你给我出来，看你怎么说话呢！你想造反呀！"

生活中，很多妈妈都是这样与孩子沟通的，孩子还没有把话说完，她们就急于批评、教育孩子，从来不会问孩子为什么要这么做。当孩子经历了太多这样的事情后，就越来越不愿意向妈妈讲述自己的事情，即便妈妈主动询问，也会紧闭心门，沟通的障碍就这样产生了。积极倾听是有效沟通的基础，5~6 年级的孩子在其成长过程中经常会遇到很多这样那样的困惑和问题，他们在处理问题时也会经常表现出稚嫩、不成熟的一面，这时他们非常渴望有人能够理解自己并给予指导，对此妈妈需要积极地倾听孩子的心声。

倾听表示妈妈在理解孩子，向孩子表示沟通的诚意，倾听也能让妈妈更好地了解事情的始末、孩子的心理状态，这样才能给孩子提供合理的指导和帮助。积极倾听，重点在于"听"，即妈妈要表现出听的兴趣，全神贯注地听孩子倾述，不随意打断孩子的话，认同孩子的情绪。妈妈坚持这样做，才会让孩子感受到妈妈的关心，并产生和妈妈沟通交流的意愿。

方法二：沟通中妈妈要表现出自己应有的立场和态度

很多妈妈都认为，培养孩子的好习惯和好品行是沟通中最难的。妈妈总是一遍又一遍地提醒孩子该做什么、不该做什么、怎么做等等，但孩子就是不按照妈妈说的去做，不是磨磨蹭蹭，就是虽然口头答应了但总是屡教不改，这让妈妈感到十分头疼。其实，妈妈与孩子之间之所以在这些问题上出现沟通不顺畅的情况，大多是因为妈妈没有表现出自己应该有的态度和立场。

大部分妈妈与孩子沟通时，都是一味地强调孩子的错误言行，所表现的态度都是贬损、批评和责骂，这当然会引起孩子的抵触。正确的沟通态度应该是妈妈向孩子表达自己的真实感受，而不是武断地告诉孩子应该怎么做。这样才能让孩子进行自我反省，并在反省中加强自己的责任感，然后导向正确的言行。

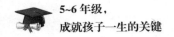
方法三：沟通中可以使用的小技巧

亲子沟通的技巧有很多，善用这些技巧可以让孩子更乐于接受妈妈的意见，而且也能使妈妈的说服更有效果。主要的沟通技巧有：

1. 妈妈做沟通的主导者

主导者不应该没有理由地批评、指责、干涉孩子，甚至是暴力解决问题，不应该带着负面情绪去命令孩子，而是要体现出权威性，即肯定地表示出自己的期望。

2. 语言表达上的沟通技巧

妈妈要学会用提问代替指责和说教，让孩子对自己的行为有更加清楚的认识；多向孩子传达积极的信心，不要一味地抓住孩子的错误、缺点进行批评；不使用过激的言辞，避免激起孩子的反抗；维护孩子的自尊心，让孩子自信乐观；用开放式提问的方式引导孩子与自己进行交谈；让孩子做谈话的主角，主动表达自己的观点等。

3. 沟通要看时间和地点，选准时机

一般来说，孩子情绪比较激动的时候不适合沟通。妈妈在与孩子沟通时，应先营造良好的沟通氛围，待双方平静后，再在轻松的气氛下保持理智的沟通。

孩子是独一无二的，尊重孩子的个性

很多妈妈总是抱怨自己的孩子没有别的孩子文静，总是想要约束孩子的言行，对孩子独特的见解不理不睬，甚至批评指责；总是把成绩的好坏视为评判孩子好坏的唯一标准；总是希望孩子都能按照自己制订的计划成长。有的妈妈甚至希望，能够找一个好孩子的标准模板，然后套在自己孩子的身上，然后经过一番"加工"，克隆出一个与好孩子一模一样的孩子来。这样的教育，其实是十分荒诞的。

我们知道，世界上没有两片树叶是完全一样的，孩子也是如此。孩子在生理素质、所处环境、教育状况，以及生活经历等方方面面的不同会表现出不同的性情、爱好和能力。每一个孩子都是独立的个体，妈妈们不可能让所有的孩子都朝着同一个方向发展，孩子也正是因为这份独特性才造就了其个性的多样性。

当今社会是一个多元的社会，需要各种各样有个性、有特色的人。个性能激发一个人的创造力，个性也能使整个世界变得更加精彩。现代教育理念认为，教育的全部奥秘在于爱护和发展个性。通过教育，妈妈们应帮助孩子找到他们在生活和职业上最合适的位置，让他们将自己的个性和潜能发挥到极致，从而获得生命的乐趣。所以，尊重孩子的个性就是尊重孩子的人格，促进孩子健康、全面地成长。

幼儿期儿童的心理活动和行为更多地受情境因素的支配，在自我意识方面变化较大，因此，还不能形成真正稳定的个性。小学低年级阶段是孩子进行适应性锻炼的时期，他们开始逐步把握个人与他人以及群体的关系，自我意识、道德观念以及道德行为在这个过程中逐渐发展起来，个性获得一定的发展。进入小学高年级后，孩子的自我意识逐步深刻，渴望摆脱外部的控制，形成了内化的行为准则，而且开始从对自己表面行为的认识、评价转向对自己内部品质的更深入的评价，从而形成较为清晰和全面的自我评价，塑造稳定的性格。对于5~6年级的孩子来说，正值青春期初期，在这个阶段，孩子的注意力以及思维能力，尤其是抽象思维、逻辑思维能力大大增强，初步形成了个人的性格，但是由于意志力还不够坚强、分析问题的能力还有待发展,因此个性并不稳定。

但是,大部分妈妈对于孩子在成长过程中个性的表现却常常感到担忧、害怕,总是想要以过来人的身份或是社会上的常规思想,以及所谓的标准来纠正孩子的思想和言行。比如,在兴趣爱好的选择上,有的孩子对美术产生了兴趣,但是妈妈认为学美术没有前途,于是要求孩子改学音乐;有的孩子更喜欢在生活中运用知识,或是进行广泛的阅读,但是妈妈却要求孩子为了成绩放弃这些;有的孩子比较活泼、调皮,妈妈却让孩子修身养性,做一个文静的少年。

这些现象在家庭教育中屡见不鲜,妈妈们的做法无疑是在抹杀孩子的个性,不仅会毁掉孩子的梦想、耽误孩子的天分,也不利于孩子身心健康的发展,更不利于孩子实现自己的人生价值。个性需要发现,需要培养,更需要教育,孩子的个性想要获得健康发展,妈妈就必须对孩子进行科学的引导。作为妈妈应该更新教育观念,突破常规,以积极、鼓励、平等和宽容的态度接受孩子的差异,挖掘孩子的内在潜能。那么,在尊重孩子个性发展的过程中,妈妈应该注意哪些问题呢?

一、尊重孩子自己的选择

多伊西在很小的时候就对生物化学产生了浓厚的兴趣,但是在他上大学的时候,爸爸认为工程学科更有前途,于是硬逼着多伊西在大学主修工程学。多伊西只好遵从爸爸的意志,到伊利诺伊大学工程学院学习工程学。在大学期间,多伊西因为攻读方向和自己的志趣之间的矛盾日益突出,期末考试各科成绩都是刚刚及格。非常痛苦的多伊西在和导师交流之后，转系去试读他喜欢的生物化学专业。此后，在生物化学专业的学习中他如鱼得水，年纪轻轻就成了知名的学者。后来，多伊西成功地分离出了维生素 K，并确立了它的化学结构，完成了人工合成，使千百万人深受其益。他也因此荣获了诺贝尔生理学和医学奖的殊荣。

由此可见，尊重孩子的个性，给孩子一定的空间，才能让孩子自由驰骋。作为妈妈，尊重孩子的个性，就是要给孩子一定的权利，尊重孩子自己的选择。孩子根据自己的兴趣和爱好进行的选择，最能代表孩子的个性特点，孩子也能尽自己最大的努力去坚持和实现自己的选择。

二、引导鼓励孩子创新求异

妈妈应该了解并尊重孩子的个性特点以及天赋，不仅要给他们自由发展的空间，还应该予以积极的指导。尊重孩子的个性差异，并让孩子的天赋得到最大的保持和发挥，就必须培养孩子的主动精神、提高孩子的创造力、培养孩子的创新思维。

三、通过关心、帮助、交流，改良孩子的叛逆个性

5~6 年级的孩子出现叛逆个性是非常普遍的，有的学生上课时表现得非常顽劣，吹口哨、敲桌子、对老师或同学不礼貌地学舌；有的学生和老师顶嘴甚至打架，欺负比自己年龄小的孩子；有的孩子故意和家长作对、穿奇装异服、沉迷于网络游戏、早恋等；这些都是这个阶段孩子可能做出的叛逆行为。

尊重孩子的个性并不是要对孩子的这些逆反个性视而不见，它们只是出现在青春期这个特殊阶段的特殊个性。妈妈应该关心孩子，帮助孩子改良这些叛逆个性，不让这些叛逆个性影响孩子性格的形成。另外，这些叛逆个性经过改良，也会成为孩子真正的个性。比如，这个阶段的孩子对美有了自己的看法和理解，他们喜欢穿一些能够显示自己个性的衣服，选择彰显自己的发型，这样的孩子在思想上肯定是比较前卫和新潮的，稍加引导就可能会让孩子持有不俗的品位。还有的孩子十分顽劣，如果妈妈能够及时引导孩子，孩子就会变顽劣为活泼，形成非常好的性格。

给孩子创造获得强大内心的机会

一位妈妈向心理医生求助：

我儿子今年 11 岁，原本他只是性格内向，但最近变得异常的敏感和脆弱。

一次，他数学考试发挥失常，只考了 70 分，老师开玩笑似的对他说："这么简单的试题你怎么能考 70 分呢？最近是不是心思不在学习上了？小心被别人追上来啊！"按照一般人的想法，这分明是老师的一种鞭策啊，可是我儿子却认为这是"当众批评"，让他很没面子，为此伤心了一整天。

还有一次，儿子回到家就气鼓鼓地说："英语老师发卷子的时候把卷子往我怀里一丢就走了，连句话也没说，分明就是讨厌我，我不想上她的课了。"我知道儿子一向对英语成绩没信心，所以特地打电话希望老师能够多关照儿子一下，并顺便询问了这件事，结果英语老师表示："就要下课了，那么着急的时候谁还注意这些细节啊。"

平时在家，我们都是小心呵护，生怕哪句不经意的话会伤到孩子。可毕竟我们不能呵护他一辈子，一个男孩竟如此脆弱，长大之后可怎么办啊？

我们总是习惯在问题出现时抱怨孩子太脆弱，却很少意识到自己之前的教养方式出了问题。现在独生子女比较多，即使二孩政策放宽之后，孩子依旧是几代人手心里的宝，懂事、成绩又好的孩子更被家庭和学校开了一路绿灯。对和案例中的男孩一样的孩子来说，他们尚处于生理和心理的发育期，认知水平仍然存在偏差，看问题容易绝对化、片面化，心理调节能力也比较差，一旦出现问题，打击将是沉重的。

遗憾的是，不管家庭还是学校，都很少给孩子创造获得强大内心的机会。

很多妈妈并不知道怎样给孩子创造获得强大内心的机会，是多给孩子制造一点挫折，还是多让孩子经历一些苦难？的确，逆境能够激发斗志，从而使孩子变得更加坚强，但坚强并不是内心强大的全部含义。

根据美国儿童心理学家山姆·戈尔茨坦的理论，内心强大的孩子应具有以下性格特征：

1.拥有足够的自信，相信自己有把梦想变成现实的能力。

2.时刻充满希望，以乐观的心态面对生活，很少有失落感。

3.认为自己是特别的并且是能够受到别人赏识的。

4. 能够为自己设置现实的目标，并独立解决问题。

5. 不在乎他人的眼光，任何时候都能做到不卑不亢。

6. 把错误看成是一种挑战，而不是要去规避的压力。

7. 人际交往技能优秀，可以成功处理和同伴以及成人的关系。

山姆·戈尔茨坦认为，孩子的强大内心并不是天生的，也不是妈妈创造了机会就能培养出来的，只有那些具备一定"能力"的妈妈才能培养出内心强大的孩子。这种能力究竟是什么呢？就是妈妈的智慧。

美国国家航空航天局的总工程师希坎姆，在自传中表示，自己面对困难时的执着和乐观都和母亲有关。希坎姆当年为了研发比较有效的火箭发射燃料就用家里的热水炉做实验，没想到实验失败，热水炉被炸坏了。希坎姆做好了被臭骂一顿的准备，没想到妈妈看到坏掉的热水炉后不但没有骂他，反而安慰他说："我早就告诉过你爸爸这个热水炉要换了，现在他必须要买一个新的了。"正是妈妈乐观、积极的人生态度让希坎姆的内心更加安稳，从而坚定了他将火箭送上蓝天的决心。

希坎姆的妈妈无疑是一位有智慧的妈妈，即使认为孩子的想法不靠谱，仍旧能够用乐观的态度让孩子感受到爱，当爱住在心头，孩子的内心才会强大。

聪明的妈妈会让孩子知道自己时刻被包围在爱意之中，因为无条件的理解和包容是帮助孩子建立自信的前提，而自信又是内心强大的基本要素。

然而生活中的很多妈妈对孩子的爱都是"有条件的"，她们只接纳孩子表现好的一面，或者只接纳孩子满足自己要求的一面。当孩子为是否被爱忧虑时，他的心里自然没有安全感、没有自信，内心强大更是无从谈起。

除了理解和包容之外，聪明的妈妈还会以身作则，给孩子树立榜样，用实际行动告诉孩子什么是内心强大。美国历史上第一位非裔女性国务卿赖斯的妈妈就是这样一位女性。

一次，妈妈带赖斯到伯明翰买衣服。一位白人店员傲慢地说："此试衣间只有白人才能用，你们只能去储藏室里的一间专供黑人使用的试衣间。"要知道那个时候美国的种族问题远没有如今这样开放和平等，大多数黑人都敢怒而不敢言，但赖斯的母亲却不卑不亢地说："我和女儿今天如果不能进入这间试衣间，那我们就会换另一家购物！"说罢，赖斯的妈妈就带头向试衣间的方向走去。那位店员为留住生意，只好默许了她们的行为。

此情此景，让年幼的赖斯感触良深。赖斯回忆说："母亲的教育让我成为一个内心强大的人，她让我知道自己的人生目标不是从'白人专用'的店里买衣服、买食物，而是只要我想，并且为之奋斗，我就有可能做成任何大事。"从那时起，不卑不屈成了赖斯一生的处世原则，她再也没有被任何事情压倒过，而是努力学习知识，不断磨炼自己，最终超越平凡。

孩子的学习方式不仅仅是听，观察和体验都是更有效的方式，他们会自动复制、粘贴身边人的好习惯，进而内化成自己的品质。所以，妈

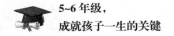

妈的乐观、勇敢、不卑不亢、独立、耐心、微笑与爱……显得尤为重要，这些都是孩子获得强大内心的珍贵养料。

培养孩子独立生活的能力

生活自理能力是指孩子在日常生活中照料自己生活的自我服务性劳动的能力，这项能力对于 5~6 年级的孩子来说应该得到较大的提高，这是孩子未来独立生活的需要。

2008 年，奥巴马当选美国总统，引发了世界范围的"奥巴马热"，而奥巴马家庭作为"第一家庭"也受到了极大的关注。几乎全世界所有的摄像机都对准了这个美国"第一家庭"，他们的幸福生活也展示在了世人面前。奥巴马有两个女儿，但是这两位白宫公主的生活并不是像真正的公主那般安逸，她们在白宫的生活与其他孩子的生活没有什么两样。奥巴马曾经畅谈自己作为"第一父亲"的教子心得，他说："让女儿做家务是保持她们在白宫正常生活的方法。玛丽莎和萨莎必须自己铺床。她们要喂狗、遛狗。她们必须做作业，在上学日不能看电视。"

看来"第一千金"也要自己铺床，也要分担家务，她们只是住进了比较大的房子，但是这大房子并没有让她们得上"公主病"。她们的生活中可能有很多保姆，但是她们并没有因此而成为生活不能自理的低能儿。但是，反观我们的孩子会干些什么呢？早上，他们赖在床上，闹钟已经响了几次还不醒，非得妈妈紧张兮兮地跑进来说"再不起来就迟到了！"

晚上，非要等妈妈摆好碗筷时才坐在餐桌前，吃完饭，将碗筷向前一推直接走人，连椅子都不会放回原位，更别说主动刷碗了；他们从来没有做过饭、洗过衣服、打扫过房间；他们找不到自己的鞋袜，分不清蒜苗和韭菜。这些中国家庭里的少爷、千金丧失了本该属于自己独立生活的能力。

17 岁的神童魏永康于 2000 年考入了中科院高能物理研究所硕士博士联读班，但由于其母亲不能跟在身边，使其无法安排自己的学习生活，后来于 2003 年肄业回家。这样的例子数不胜数，这些都反映出现代的未成年人在生活自理能力上存在着很多不足之处，究其原因主要是：

1. 溺爱式的抚养方式

现在很多孩子都是家中的"小太阳"，被大人小心翼翼地保护着、宠爱着，"捧在手中怕摔着，含在口中怕化了"，更别说参加劳动了。在这样的氛围下，孩子当然就没有自理的意识，生活自理能力也肯定无法提高。

2. 孩子没有掌握自理的技能

孩子因为年纪小，在自理的时候不懂相应的程序和步骤，自然无法把事情做好。很多妈妈见到孩子这样，不是负责任地教孩子怎样去做，而是因为怕麻烦宁愿选择自己代替孩子去做。比如，孩子收拾房间时，总是磨磨蹭蹭的，妈妈就会气急败坏地说："让你做点儿事，嘴皮子都快磨破了，还不如我自己去干痛快呢！"于是，妈妈就一把推开孩子，自己收拾起屋子来，这样还怎能让孩子学会自己收拾房间呢？

3. 缺少必要的反复练习的机会

孩子年龄小的时候，父母为了保护孩子而没有给孩子练习的机会，当孩子大的时候，家长认为孩子的主要任务是学习，因此又不允许孩子

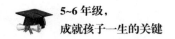
用学习的时间来进行家务劳动。这样，孩子就缺少了练习的机会，生活自理能力当然也无法提高。

小学高年级应该格外注重培养孩子的生活自理能力，孩子的学习固然重要，但是如果孩子连自己的生活都照顾不好，又怎么能照顾好自己的学习呢？生活自理能力强的孩子往往有着良好的生活习惯，这些习惯则对孩子的学习和成长都有很大的帮助。那么，妈妈应该从哪几方面来提高孩子的生活自理能力呢？

方法一：端正认识，转变教育思想

妈妈要改变溺爱孩子的教养方式，不要对孩子娇生惯养，不要因为孩子课业压力有所增加就不让孩子参加家务劳动。家务劳动不仅是一项体力劳动，更是一项脑力劳动，看似简单的家务劳动中往往蕴含着大学问。比如，先干什么，后干什么，怎样干最省时间、最省力气，都是需要动脑筋的，而且做家务也是统筹方法的最好应用。让孩子在恰当的时间做一些家务劳动，不失为锻炼孩子手脑协调、放松心情的好方法。

方法二：从小事做起，让孩子逐渐养成习惯

让孩子学会生活自理，就是要让孩子在力所能及的范围内学会自己的事情自己做。这种能力的培养可以从收拾自己的用具、打扫房间的卫生、洗衣服等小事做起，然后逐渐将孩子自理的范围扩大。在这个过程中，妈妈要将自己做家务的生活经验和技巧尽量传授给孩子，教导孩子怎么去做，多让孩子尝试和练习，最终养成良好的生活习惯。

方法三：在提高孩子自理能力的同时，注重对孩子品质的培养

让孩子学会自己照顾自己，参与到劳动实践中来，这不仅可以提高孩子的生活自理能力，更能锻炼孩子的品质，培养孩子坚强、勤俭节约、不怕失败等各种精神品质，可谓一举多得。

提高孩子的适应能力，培养孩子的社会性

人具有自然属性和社会属性，人的社会属性即人作为社会的一员以及集体活动中的个体时，在社会交往过程中获得的情感、性格、处理人际关系等表现出的心理特征。人的社会性是逐渐形成的，是在与社会生活环境相互作用的过程中逐渐掌握社会规范，形成社会技能，确认社会角色，以独特的个性与人交往，相互影响，逐渐适应社会环境，最终达到社会化。

5~6 年级的孩子自我意识逐渐增强，活动范围不断扩大，孩子的社会需求也越来越多，这就要求孩子具有较高的适应能力。培养孩子的社会性，让孩子在集体生活中学会一定的交往技能，有利于增强孩子的自信、自尊，培养孩子关心他人、与他人友好相处的能力。而且孩子在集体生活中相处顺利，也有利于在学习上取得进步，促进孩子个性的健康发展，为以后步入社会打下基础。

影响儿童社会性的因素很多，比如个人气质、同伴交往、师生互动、家庭教育方式、社会文化等，其中家庭教育方式对儿童社会性的影响非常深远。家庭是孩子的主要生活场所，孩子最初的生活经验、行为习惯都是通过家庭教育获得的，可以说父母是孩子社会化的基本执行者。那

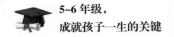

么，妈妈应该从哪些方面对孩子进行引导，以提高孩子的适应能力，培养孩子的社会性呢？

方法一：培养孩子的责任感

责任感是一个人在集体和社会活动中必须具备的一种态度，一个人只有意识到自己对他人、对家庭、对集体，以及对国家和社会所肩负的责任，并自觉地去承担责任、履行义务，才能真正融入社会。

孩子的责任感从对自己负责开始，首先对自己做出的承诺负责，对自己需要完成的任务负责，然后发展到对朋友负责、对同学负责、对班集体负责。在这期间，孩子逐渐建立起自信、自尊，体会友情以及集体荣誉感，由此形成更抽象、更理性的责任心。对此，妈妈在提高孩子生活自理能力的过程中，一定要督促孩子做事情时有始有终；要让孩子学会体谅别人，为他人着想，不能以自我为中心；在孩子做错事情的时候，一定要让孩子学会承担责任。

方法二：培养孩子的独立性，让孩子具有一定的生活自理能力

国外很多孩子很小的时候就表现出了很强的社会适应性，其中很重要的一个原因就是他们具有很强的独立性。在这些孩子身上，我们经常会看到这样一些特质：他们的自理能力强，社会活动能力强，有作为社会成员独立存在的信心和勇气。很多孩子 18 岁以后就不再依靠家庭，他们会靠打工补贴自己的用度；他们具有适应市场经济的头脑，从小就参与"当家理财"，并学会了一些推销、沟通的"经营之道"。这样的实践使他们深知钱的来之不易，从而养成了精打细算、勤俭度日的习惯。

一句话，这些孩子的特点就是非智力因素成熟，能力强，能够顺利

地适应社会。而中国很多孩子却缺少这样的生活自理能力，适应社会能力低，这与家长经常片面地强调学习，让孩子一味地待在象牙塔不进行社会历练有很大关系。所以，妈妈们必须放开双手，让孩子独立起来，接受社会的历练，这样才能全面地提高孩子的能力，让他们更快、更好地适应社会。

方法三：培养孩子的合群性，提高孩子的人际交往能力

合群性体现了一个人在与别人或是集体沟通时表现出来的融合性，也决定着一个人的适应性和生存力。一个合群的人，善于处理与周围人以及环境的关系，具有较高的沟通水平，能够较快地融入集体中。

5~6 年级的孩子随着年龄的增长，生活环境的扩大，活动能力也在逐步增强，孩子与外界的交往越来越多，这就要求他们必须提高自己的人际交往能力，做到合群。有了社交能力，便可多交朋友，参与更多的社会活动，学会与人合作，开阔眼界，增长见识，锻炼才干；有了社交能力，就能和周围的人相互关心、相互帮助，靠大家的智慧和集体的协作妥善解决好更多的问题，形成良好的社会交际圈。所以，在平时，妈妈应该教孩子以真诚的态度对待周围的人，文明、礼貌地待人接物，注重提高孩子的社交能力，教会孩子正确处理人际关系。

把握"小升初"，让孩子具备竞争力

"小升初"，是小学高年级阶段的一件大事，它既是对孩子小学阶段学习的考核和总结，也是引领孩子通向中学阶段学习的门票。承载着承

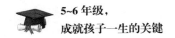

上启下作用的"小升初"对孩子的意义非常重大。在"小升初"这个特殊时期，涉及的事情往往很多，首先是升学考试，其次是选择学校，为迎接中学生活做好准备。那么，为了避免孩子在"小升初"时手忙脚乱，妈妈应该怎样协助、引导孩子呢？

方法一：备考——让孩子拿出最好的考试状态

升学考试，对于孩子和家长来说无疑是一件头等大事。很多时候，妈妈往往表现得比孩子还要焦急。从衣食住行到心理减压，从关注考试信息到找老师进行咨询，妈妈总是尽己所能地想让孩子以最好的状态进行考试，期望孩子发挥出自己最好的水平。

但是，很多妈妈在孩子考试期间的表现却让孩子感到很不舒服甚至焦虑，最终影响了孩子的正常发挥。有的妈妈总是逼迫孩子学习，一刻也不让孩子休息；有的妈妈表现得过于紧张和小心翼翼，生怕孩子有什么需要而自己没有准备好，总是打扰孩子的复习；有的妈妈总是耳提面命，反复告诫孩子升学考试是多么重要，增加了孩子的紧张情绪。这些妈妈本意都是想让孩子好好考试，但是这样的做法，只会让孩子压力增大，无法发挥出自己的正常水平，严重时，孩子甚至还会选择轻生来逃避升学考试。

所以，妈妈在帮助孩子备考的时候，应该表现得成熟理智，这样才有利于孩子备考，具体而言，妈妈应做到以下几个方面：

1. 相信孩子的能力，不过多干涉孩子的复习

孩子在最后阶段的冲刺复习是非常重要的。很多孩子在这时候往往表现得有些手忙脚乱，不知道应该复习什么，一会儿拿起语文书，一会儿做起数学练习，一会儿又背英语单词，结果在惶惶中浪费了许多时间，

也没有产生多大的复习效果。

在考试冲刺前，妈妈应该协助孩子制订一个比较详细的复习计划，引导孩子按照复习计划一步步来，这样不仅复习效果显著，也会让孩子心神安宁。需要注意的是，在孩子学习的时候，妈妈不能总是打扰孩子的复习，比如每隔半个小时就敲一次孩子的房门，检验一下孩子是不是在做作业，这样做很容易干扰孩子的注意力。

因此，在冲刺阶段，妈妈要相信孩子的能力，不要频繁地打扰孩子，或是拿一些烦心事来影响孩子，为孩子营造温馨、和谐的家庭环境才是帮助孩子良好备考的关键。

2. 帮助孩子减压，让孩子轻松备考

要想让孩子拿出最好的状态进行考试，就必须让孩子轻松上阵，不能给孩子施加较大的心理压力。这个时期的孩子，很容易患上考试焦虑症，这样的心理压力在考试时会严重影响孩子真实水平的发挥。因此，妈妈在帮助孩子备考的时候，一定要帮助孩子做心理调试，减轻孩子的考试压力，让孩子轻松备考，轻松考试。

首先，在考试前，妈妈应该合理定位自己的孩子，摆脱外界的干扰，平和地看待孩子的考试，用自己的心态感染孩子，努力营造温馨、和睦的家庭氛围，这些都有助于舒缓孩子紧张、抑郁、烦躁、苦闷等情绪，从而有助于孩子调节心态，提高复习质量。

其次，妈妈要给予孩子恰当的鼓励，让孩子相信自己的实力，看到自己的努力。考试前，闭目养神，调整呼吸以达到平稳情绪的目的。进入考场时，要让孩子集中注意力，保持稳定的情绪，始终保持头脑的清醒。

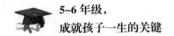
方法二：择校——选择最适合孩子的学校

在选择学校的时候，妈妈应该注意要与孩子一起选择适合孩子的学校。这里的适合主要是指要符合孩子目前的学习成绩。比如，孩子的成绩只能上普通中学，那么妈妈非要让孩子选择重点中学，就会给孩子带来很大的压力，影响孩子的备考。除了要适合孩子的成绩外，还要利于孩子以后的发展，比如孩子在某些方面有些天赋或是特长，可以为孩子选择一些特色学校，而不一定非要进重点中学。

另外，择校时还要考虑距离、学校管理方式、家庭经济承受能力，以及孩子的意愿等。在距离问题上，可以根据孩子的生活自理能力决定，比如为了锻炼孩子，可以选择距离稍微远一些的学校，让孩子寄宿。学校的管理方式也影响着孩子日后的生活，有的学校管理比较自由，有助于发挥孩子主观能动性；有的学校管理比较严格，有利于规范孩子的习惯。当然，最主要的还是尊重孩子的意愿，很多孩子心中早已定好了目标，决定要去哪个学校，这时妈妈就要事先了解孩子的想法，不要强迫孩子改变他们的选择，以免严重挫伤他们的积极性，甚至影响他们考试的发挥。

方法三：做好准备，迎接中学

中学阶段是人生中一个极其重要的阶段，它不同于小学阶段，在学业上将带领孩子进入一个新的台阶。从生理方面来说，5~6 年级的孩子正从少儿期步入青春期；从心理方面来说，孩子正从幼稚型走向成熟型，从依赖走向独立。 此时，孩子的抽象逻辑思维迅速发展并逐渐占据主导，他们思维的独立性和批评性增强，自我意识迅速发展，世界观、人生观、价值观将在中学的几年里迅速形成。

因此，妈妈要与孩子一起做好准备，总结小学生活，迎接中学生活的到来，帮助孩子做好学习上的准备，适应新的学习环境，使用新的学习方法。同时，妈妈要提醒孩子做好心理上的准备，迎接未来更大的压力、更多竞争的环境，做好心理断乳的准备，重新给自己定位，保持心理的健康，以便顺利过渡到中学环境，拥抱更美好的未来。